徹底解剖！

野菜の
おいしい
食べ方
大 全

岩﨑啓子 著

ナツメ社

いつもの野菜がごちそうになる

冷蔵庫や食卓に野菜がないと寂しがり屋の我が家（夫と私）。買い物好きな夫は、近くの地場野菜コーナーに寄っては、旬の野菜を買い込んで、冷蔵庫に入れて満足。作るのはいつも私……（笑）。ですから、毎日、野菜のおかずが数品、食卓に並びます。ただ切ったり、ちょっとゆでたり、炒めたりするだけで、いろいろな姿に変身してくれる野菜はありがたい存在です。

しかし、それも、今の野菜がなせる業なのかもしれません。昔は、青菜をゆでるとき、少量ずつ入れてさっと火を通して冷水にとらないと変色したり、塩や酢を入れないといけなかったりと、手間がかかることもありました。でも、今はそこまでしなくても大丈夫なくらい、アク

が少なくなってきています。生で食べるなんて！といわれていた野菜も、新鮮であれば生食でもおいしく食べられます。そのくらい、昔と今では野菜の特徴が変わってきているのです。

仕事柄、季節ごとに出回る野菜と向き合いながら調理をしてきましたが、そんななかで感じてきた野菜の変化。そして、今の野菜ならではの特徴を生かす方法。野菜ごとのおいしさを引き出す下ごしらえと調理法さえマスターすれば、いつもの野菜がグンとおいしくなり、それだけでごちそうになるでしょう。

野菜を食べたいけれど、イマイチおいしく作れない人、美容や健康が気になる人にも、野菜をおいしく、モリモリ食べてもらいたいと思います。

岩﨑啓子

2

今の野菜の特徴に合わせた
下ごしらえと調理のコツ

野菜をとびきり
おいしく食べよう

今の野菜の特徴がわかりやすい例
は「小松菜」です。昔はアクが強か
ったので、アクやえぐみを弱めるた
めに下ゆでをしたり、油で炒めてか
ら煮たりなど、ひと手間かけました
が、今はアクがないので、そのまま
使えますし、生でもおいしく食べら
れます。

「ゆでるときに塩は入れますか?」
「鍋は大きい方がいいですか?」な
どと、ときどき質問をいただくこと
がありますが、塩を入れないで普通
にゆでても、味はほとんど変わらな
いと個人的には思います。シャキッ

とかためにゆでたいときは、鍋の大きさに合わせて数回に分けてゆでればいいですし、最近のアクの少なくなったほうれん草なら、お手持ちの鍋いっぱいに詰め込んでゆでても、ゆで上がりまでに時間がかかる分だけ甘みが出て、おいしいと思うことも。アクが少なく、さっぱりとした味になった今の野菜には、こちらの調理のほうが、旨みが感じられるのかもしれません。

この本では、今の野菜の特徴に合わせた下ごしらえと調理のコツを惜しみなく紹介しています。この本を参考に自分にとっての「とびきりおいしい！」と感じるゆで方や炒め方を見つけてみませんか? ぜひ、試してみてほしいと思います。

Contents

徹底解剖！
野菜の
おいしい食べ方
大全

今の野菜をとことんおいしく食べる
下ごしらえ&調理のコツと
簡単レシピ

葉・茎・菜の野菜

7

野菜をおいしく食べるための
楽しい知識とレシピが満載！

それぞれの野菜のおいしさを引き出した簡単レシピを野菜ごとに3点ずつ紹介しています。下ごしらえや調理法は、より詳しい解説ページを参考にしてください。

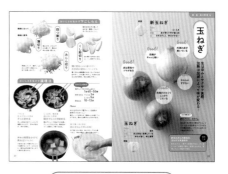

野菜ごとの旬や特徴、選ぶときのポイント、栄養成分や保存方法などのデータをわかりやすく記載し、調理するときの下ごしらえやおいしさを生かす調理法を紹介しています。

この本の使い方

- 材料は、2人分を基本とし、レシピによっては作りやすい分量などがあります。

- 計量単位は、大さじ1＝15㎖、小さじ1＝5㎖、1カップ＝200㎖、米1合＝180㎖です。

- 「少々」は小さじ⅙未満を、「適量」はちょうどよい量を入れることを示します。

- 野菜類は、特に記載のない場合、皮をむくなどの下処理を済ませてからの手順で説明しています。

- 野菜のグラム数は、正味量です。

- 作り方の火加減は、特に記載のない場合、中火で調理してください。

- フライパンは、フッ素樹脂加工のものを使っています。

- 電子レンジは600Wを基本としています。500Wの場合は、加熱時間を1.2倍にしてください。

- 調理法の時間は、目安の時間です。切り方や火加減、どのくらいのやわらかさにするかなどによって調整してください。

- 保存期間の記載があるものは、目安の期間です。季節や保存状態によって保存期間に差が出るので、できるだけ早く食べきりましょう。

今の野菜をとことん
おいしく食べる

下ごしらえ&調理のコツ
と
簡単レシピ

昔に比べてアクなどが少なくなっている今の野菜をおいしく食べる
コツが満載！解説のページを読んでからレシピを選んでも、
レシピを選んでから必要な解説を読んでもOK！

キャベツ

やわらかいキャベツとかたいキャベツで食べ方を変える。

春キャベツ

Data

旬	3〜5月
特徴	葉はやわらかく、巻きがゆるい
味	生で食べても甘みがある

Good!
外葉の緑色が濃い

Good!
葉がふんわりしている

Good!
持ったときに重く感じる

高原キャベツ

Data

旬	7〜2月
特徴	葉はかたく、巻きがしっかりしている
味	加熱すると甘みが増す

Good!
芯の切り口が変色していない

主な栄養成分

ビタミンC、ビタミンU

ビタミンCの損失を少なくするには生で。ビタミンU（キャベジン）には胃腸の調子を整える効果がある。

保存方法

切ったものはラップをして冷蔵保存

丸ごとの場合は、芯をくり抜き、濡れたキッチンペーパーを詰める。切ったものは、ラップでぴっちり包み、冷蔵室で保存。

おいしさを生かす下ごしらえ

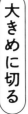
くし形切り

残った中心の部分は、くし形切りにしてポトフなどに。

葉がやわらかく、みずみずしい春キャベツは生食にぴったり。

Memo

せん切りは繊維はあまり気にせずに

繊維の向きでそれほど食感は変わらない。葉を2枚くらい重ね、くるっと丸めて端から切ると切りやすい。

せん切り

春キャベツはやわらかいので、手でちぎる。

大きめに切る

大きめに切ることで水分が出にくくなる。

ちぎる

おいしさを生かす調理法

**やわらかい葉は
さっと炒める**

やわらかいキャベツは水分量が少ないので、短時間でさっと火を通す調理法がおすすめ。

加熱の目安時間

やわらかいキャベツ
炒めるなら **1分30秒〜2分**
かたいキャベツ
蒸すなら **15分**

かたい葉はじっくり蒸す

かたいキャベツは加熱すると甘みが増すので、弱火でじっくり火を通したり、しっかり炒めるのがおすすめ。

おいしい
食べ方

1

春キャベツは生で食べるに限る

キャベツとしらすのゆずこしょうオイル和え

材料 (2人分)

キャベツ…2枚

Ⓐ
- しらす干し…20g
- オリーブオイル…小さじ1と½
- ゆずこしょう…小さじ⅕
- 塩…少々

作り方

キャベツはせん切りにし、Ⓐを混ぜ合わせる。

春の味覚を
シンプルに

おいしいPOINT

水っぽくなるだけでなく、栄養素が流出してしまうので、切った後は水にさらさないで。ドレッシングを和えるときは、葉のやわらかさを生かしてふわっと混ぜ合わせるとおいしい。

キャベツと生ハムの蒸し煮

材料 （2人分）
キャベツ…小1個（400g）
にんにく…½かけ
生ハム…30g
- ローリエ…1枚
- 白ワイン…大さじ1
- Ⓐ 塩…小さじ1/4
- こしょう…少々
- 水…⅓カップ

作り方

1 キャベツは4等分のくし形切り、にんにくは薄切りにする。生ハムは食べやすい大きさに切る。

2 1、Ⓐを鍋に入れ、蓋をして中火にかけ、煮立ったら弱火にして15分ほど煮る。

おいしいPOINT
じっくり火を通すことで、やわらかく、食べやすく仕上がる。キャベツの水分が出る前に焦げつかないように水を少し加える。春キャベツを使う場合は、さっと短時間で煮て。

2 かたいキャベツはじっくり火を通す

とろとろに
煮込む

ほっとする
ソース味

3 炒めるときは大きめに切る

キャベツのおかかソース炒め

材料 （2人分）
キャベツ…4枚
ウスターソース…大さじ1
かつお節…½パック（2g）
サラダ油…小さじ2

作り方

1 キャベツは大きめに切る。

2 フライパンにサラダ油を中火で熱し、1を入れて少ししんなりするまで1分30秒～2分炒める。ソースを加えて炒め合わせ、かつお節を加えて混ぜ合わせる。

おいしいPOINT
大きめに切ったり、ちぎったりすると、水分が出にくく、炒め物がシャキッと仕上がる。調味料を入れる前に火を通しすぎないようにするのもポイント。

Good!
葉は
やわらかく、
ツヤがある

小松菜（主流）

Data	
旬	通年
特徴	葉はやわらかく、茎はまっすぐ
味	クセがなく、食べやすい

小松菜

主流の小松菜はクセがない！生はサクサク感がおいしい。

Good!
葉は肉厚で
内側に
丸まっている

Good!
茎がピンと
している

Good!
茎が太くて
しっかり
している

Good!
根元が
しっかり
している

小松菜（露地栽培）

Data	
旬	12〜3月
特徴	葉は肉厚で、茎と根元も太い
味	少し苦みがある

保存方法

キッチンペーパー＆ポリ袋で冷蔵保存
根元を水に5分ほどつけてからキッチンペーパーで包み、ポリ袋に入れて冷蔵室で立てて保存。

主な栄養成分

カルシウム、β-カロテン

ほうれん草の3倍以上のカルシウムを含む。β-カロテンやビタミンCも豊富なので、免疫力アップや老化予防にも効果的。

14

おいしさを生かす下ごしらえ

基本は
ざく切り

根元を切り落として
葉をばらすと
泥が簡単に落ちる

根元に泥が残っている場合が
多いので、根元を切り落とし
てバラバラにしてから洗う。

切るときに茎と葉を分けておくと、調理がラク。

おいしさを生かす調理法

Memo

- - - - - - - - - - - - - -

炒めるときは茎から炒める

茎を先に入れてひと炒めしてか
ら葉を入れ、さっと炒めると、
火の通りが違う茎と葉に均等に
火が通る。

- - - - - - - - - - - - - -

**実は生で食べるのも
おいしい**

小松菜はクセやアクがないの
で、生で食べるのもおすすめ。
熱したオイルをかけると小松
菜によくなじむ。

加熱の目安時間

ゆでるなら
沸騰してから **1分**

切らずに18cmの雪平鍋で
ゆでて栄養を残す

1 18cmの雪平鍋に湯を沸かし、根元
から入れてギュギュギュと押し込む。

2 再び沸騰してきたら、
ひっくり返す。

3 流水にとって火の
通りすぎを防ぐ。

15

あつあつドレッシングの小松菜サラダ

材料　（2人分）

小松菜… 150g
ベーコン… 2枚
にんにく…薄切り2枚
塩…小さじ⅕
酢…小さじ2
こしょう…少々
オリーブオイル
　…大さじ1と½
パルメザンチーズ…小さじ2

作り方

1 小松菜は3〜4cm長さに切る。ベーコンは短冊切りにし、にんにくはみじん切りにする。

2 器に小松菜を盛り、塩、酢、こしょうをふって混ぜ合わせる。

3 フライパンにオリーブオイル、ベーコン、にんにくを入れて中火にかけ、香りが出るまで炒めたら2にかけ、チーズをかける。

おいしい食べ方

1

小松菜は生のままサラダで食べる

チーズとも相性◎！

おいしいPOINT
小松菜はクセやアクがないので、生で食べればビタミンCなどの損失を防げる。苦みが気になる場合も、ベーコンやにんにくの旨みをきかせたドレッシングでおいしく食べられる。

小松菜とさつま揚げのエスニック炒め

2 茎から先に炒めてシャキシャキ食感に

コクのある炒め物に

材料 （2人分）

小松菜… 200g
さつま揚げ… 2枚
長ねぎ… ¼本
赤唐辛子… ½本
ナンプラー… 小さじ2
サラダ油… 大さじ1

作り方

1 小松菜は3〜4cm長さに切り、長ねぎは縦半分に切ってから斜め薄切りにする。赤唐辛子は斜め切りに、さつま揚げは薄切りにする。

2 フライパンにサラダ油を中火で熱し、長ねぎを入れて炒める。香りが立ったら小松菜の茎、赤唐辛子、さつま揚げを加えて炒め、小松菜の葉、ナンプラーを加えて炒め合わせる。

おいしいPOINT

クセがない小松菜は、和洋中だけでなく、エスニックな味つけにもぴったり。葉に火を通しすぎないように茎を先に炒め、茎もシャキシャキ食感を残すのがポイント。

小松菜のとろろ昆布和え

3 さっとゆでて食感を残す

和え物であっさりと

材料 （2人分）

小松菜… 150g
とろろ昆布… 3g
Ⓐ 白すりごま… 小さじ1
　 しょうゆ… 小さじ½

作り方

1 小松菜はゆでて3cm長さに切り、とろろ昆布はキッチンばさみで食べやすい長さに切る。

2 小松菜、Ⓐを混ぜ合わせ、とろろ昆布を加えて和える。

おいしいPOINT

切らずに、ゆでてから切る。水にとってゆですぎを防ぐのが食感を残すポイント。すりごまの香りととろろ昆布の風味で、少ないしょうゆでもおいしく食べられる。

Data

旬	10〜3月
特徴	ノコギリのようなギザギザの葉が特徴
味	香りが強く、ほんのりと苦みがある

春菊

加熱と生によって変わる
それぞれの味わいを楽しもう！

Good!
葉の緑色が
濃い

Good!
茎が
しっかりとして
切り口が新しい

トリビア

春に菊に似た花を咲かせる

冬が旬なのに、なぜ春菊かというと、春、菊に似た花を咲かせることが由来といわれる。関西では菊菜とも呼ばれる。

主な栄養成分

β-カロテン、ビタミンE、鉄

抗酸化作用のあるβ-カロテン、ビタミンEが豊富なので、アンチエイジングに効果的。女性に不足しがちな鉄も多く、貧血予防に。

保存方法

キッチンペーパー＆ポリ袋で冷蔵保存

根元を水に5分ほどつけてからキッチンペーパーで包み、ポリ袋に入れて冷蔵室に立てて保存。

18

茎と葉は分けてから
調理した方がよい

春菊の葉はやわらかく、繊細で、茎のかたい部分とは火の通りも違うので、調理前に分けておく。

Memo

最近の春菊の茎は
細いものも

生食にすることも増えてきたので、そのまま食べやすいように、土を使わずに培養液で育てた茎の細いものもある。

小口切りにして食感を楽しむのも新鮮！

茎を生で食べるときは、小口切りなどで細かくすれば、サクサクとした食感も楽しめ、食べやすくなる。

上の葉を摘むときは
茎との境目をちぎる

包丁でざく切りにすると、茎と葉をうまく分けられないので、葉は茎との境目で手でちぎって分ける。

Memo

太い茎は斜め薄切りに
して食べやすくする

太い茎はかたかったり、中が空洞で食感が悪かったりするので、繊維を断ち切るように斜め薄切りにする。

葉は最後に入れてパパッと
ゆでてすぐに流水にとる

葉はすぐに火が通るので、入れたらすぐに引き上げて流水にとり、火が通りすぎるのを防ぐ。

加熱の目安時間

ゆでるなら
茎 沸騰して **30秒**
葉 最後に入れて **数秒**

1

香りを味わうなら生でサラダに

この香りが
やみつきに

春菊のチョレギサラダ

材料 （2人分）

春菊… 100g
長ねぎ… 6㎝
A ┌ ごま油…小さじ2
  │ 塩…小さじ⅕
  └ こしょう…少々
焼きのり… ¼枚

作り方

1 春菊の茎は斜め薄切りにし、葉は食べやすい長さに切る。長ねぎは半分の長さに切り、芯を取り除いてせん切りにする。

2 Aを混ぜ合わせ、**1**と和え、ちぎったのりを加えて混ぜる。

おいしいPOINT

春菊は加熱すると春菊独特の風味が出るが、生で食べると意外とクセがなくておいしい。ビタミンやミネラルが豊富なアンチエイジングサラダとしてぜひ！

20

春菊とりんごの白和え

材料 （2人分）

春菊… 150g
しょうゆ…小さじ½
りんご… 40g
絹豆腐… 100g
- 白練りごま…小さじ2
Ⓐ 砂糖…小さじ1
- 塩…小さじ⅕

作り方

1 春菊は茎と葉に分ける。鍋に湯を沸かし、茎、葉の順に入れてゆで、流水にとる。水けを絞り、食べやすい長さに切り、しょうゆをかけて混ぜる。りんごは皮つきのままいちょう切りにする。

2 豆腐はキッチンペーパーに包んで水きりし、つぶしてⒶを混ぜ合わせる。1を加えてさっと和える。

> おいしいPOINT
> 茎は30秒ほどゆで、葉は最後に入れて数秒ほどさっとゆでるだけで火が通る。りんごを加えることで、春菊独特の風味をさわやかに仕上げる。

春菊の納豆和え

材料 （2人分）

春菊… 100g
納豆… 2パック
長ねぎ… 4cm
- しょうゆ…小さじ1と½
Ⓐ ごま油…小さじ1
- 酢…小さじ1弱
かつお節…½パック（2g）

作り方

1 春菊は刻み、長ねぎはみじん切りにする。

2 納豆にⒶを混ぜ合わせ、1、かつお節を加えて和える。

> 混ぜて
> 完成

> おいしいPOINT
> 葉だけでなく、茎も細いものは細かく刻むことで食べやすくなる。根元が太く、かたすぎるときは、火を通す料理に使って。

玉ねぎ

生は辛みとサクサク食感、加熱は加減によって味が変わる！

断面

新玉ねぎ

Data

旬	3～5月
特徴	皮が薄くて中が真っ白
味	みずみずしく、辛みが少ない

Good!
外側の皮が
乾いている

Good!
先端が
キュッと細い

Good!
皮は茶色で
ツヤがある

Good!
やわらか
すぎない

Good!
先端がかたくて
しっかり
している

主な栄養成分

硫化アリル、カリウム

玉ねぎの辛み成分は硫化アリル。ビタミンB₁の吸収率をアップさせるので疲労回復に。カリウムも多いので高血圧予防にも。

玉ねぎ

Data

旬	通年
特徴	皮は茶色く乾燥している
味	辛みが強く、味は濃厚

断面

保存方法

新玉ねぎは冷蔵保存、玉ねぎは常温保存

新玉ねぎは、1個ずつ新聞紙で包み、ポリ袋に入れて冷蔵室で保存。普通の玉ねぎは、風通しのよい冷暗所で保存。

繊維に沿って

繊維に直角

薄切り

薄めは辛いがさわやかな感じで、厚めは辛みを強く感じる。

四つ割り

根元を切らずに残しておけば、調理してもバラバラになりにくい。

くし形切り

四つ割りを半分に切ると、くし形切りになる。

みじん切り

用途によって、細かいみじん切りと粗みじん切りを使い分けて。

薄く切ると火が通りやすく 大きめに切るとパリッとする

薄く切ると表面積が大きくなって水分が出やすく、火も通りやすい。大きめに切ると水分を保ち、甘みも感じやすい。

おいしさを生かす**調理法**

加熱の目安時間

電子レンジなら100gあたり
1分40〜50秒

炒めるなら　パリッと **3分**

しっとり **5分**

煮るなら　**10〜13分**

Memo

ゆでる代わりに電子レンジ加熱が断然ラク&おいしい

電子レンジを使えば、簡単に火を通すことができる。長めに加熱すると甘みが出る。

パリッと仕上げたいときはさっと炒める

さっと炒めればパリッとした食感に仕上がり、甘みが出るが、辛みも残る。

しっとり、甘みを出したいときは弱火でじっくり炒める

弱火でじっくり炒めて火を通してしっとり仕上げる。焼き色がつくと香ばしい香りも出る。

生で食べるときは水にさらして辛みを抜く

生で食べるときは、水にさらしてから食べると、辛みが程よく抜けて食べやすい。

煮物は時間をかけて煮ればとろとろに

大きめに切って弱火でじっくり加熱することで、とろとろに。新玉ねぎは溶けないように様子を見ながら。

30秒

スライス玉ねぎの みそドレッシングがけ

おいしい 食べ方

材料 （2人分）

玉ねぎ…½個

A ［ レモン汁・オリーブオイル …各小さじ2
みそ…小さじ1と½
はちみつ…小さじ½ ］

作り方

1 玉ねぎは薄切りにし、水に 30秒ほどさらし、しっかり水けをきる。

2 器に**1**を盛り、混ぜ合わせた**A**をかける。

新玉ねぎは辛みが少ないから生で食べる

箸休めや おつまみに

おいしいPOINT

新玉ねぎは辛みが少なく、食感もやわらかいので生で食べるのがおすすめ。水けをしっかりきるのがポイント。はちみつの甘みが玉ねぎのほんのりした辛みを引き立てる。

2 玉ねぎのピリ辛炒め

中火で短時間炒めて パリッと甘く

材料 （2人分）

玉ねぎ…1個
にんにく…½かけ
桜えび（乾燥）…大さじ1
豆板醤…小さじ¼
Ⓐ
　トマトケチャップ
　　…大さじ1と½
　しょうゆ・酢…各小さじ1
　砂糖…小さじ¼
サラダ油…小さじ2

作り方

1 玉ねぎはくし形切りにしてほぐす。にんにくはみじん切りにし、桜えびはざく切りにする。

2 フライパンにサラダ油を中火で熱し、玉ねぎを入れて炒める。少ししんなりしたらにんにく、豆板醤を加え、香りが立ったら桜えび、Ⓐを加えて炒め合わせる。

おいしいPOINT

くたくたになるまで火を通さないで、パリッとした玉ねぎの食感を残す程度に炒める。玉ねぎの辛みを残しつつ、甘みも出ておいしい。

3 玉ねぎと厚揚げの やわらか煮

弱火でゆっくり煮て とろとろ食感に

おいしいPOINT

弱火でゆっくり煮ることで、とろとろの食感に仕上げる。口の中でほどけ、玉ねぎの甘みが味わえる。新玉ねぎは溶けて形がなくならないように様子を見ながら加熱して。

材料 （2人分）

玉ねぎ…1個
厚揚げ…½枚
Ⓐ
　だし汁…1と¼カップ
　みりん…小さじ2
　塩…小さじ⅙
しょうゆ…小さじ½

作り方

1 玉ねぎは6等分のくし形切りにする。厚揚げは横半分に切ってから1.5cm幅に切る。

2 鍋にⒶを入れて中火にかけ、煮立ったら玉ねぎを加え、蓋をして弱火で7～8分煮る。厚揚げを加え、蓋をしてさらに5分ほど煮たら、しょうゆを加えてひと煮立ちさせる。

とろとろに
煮込んで

チンゲン菜

Data

旬	10〜6月
特徴	茎はしっかり、葉は薄い
味	クセがなく、ほのかに甘みがある

断面

真ん中にいるベビーも
おいしく食べよう！

葉は薄くてやわらかいから
茎と分けて加熱しよう！

Good!
葉の緑色が
鮮やか

Good!
茎は肉厚で
どっしりと
している

Good!
根元の
切り口が
白くてきれい

（トリビア）

**チンゲン（青梗）は
茎が青いという意味**

青梗は青い茎（軸）という意
味で、茎がさらに白いものと
区別された。中国野菜だが、
煮浸しなどの和のおかずにも。

主な栄養成分

β-カロテン、ビタミンC

抗酸化作用のあるβ-カロテン、ビタミンCが
豊富なので、免疫力アップ、美肌にも効果的。
カルシウムも多く含まれる。

**保存
方法**

キッチンペーパー&ポリ袋で冷蔵保存

根元を水に5分ほどつけてからキッチンペー
パーで包み、ポリ袋に入れて冷蔵室で立てて
保存。

26

おいしさを生かす下ごしらえ

1枚ずつはがしてから
切るのが基本

葉を1枚ずつはがしたほうが根元の汚れを落としやすく、いろいろな切り方ができ、火も通しやすいので便利。

ざく切りのほかに
茎は斜め細切りにするのも新鮮

斜め細切りにすると火が通りやすいので、さっと炒めてシャキシャキした歯ごたえを楽しめる。

斜め細切り

Memo

茎と葉を分けてから切ること

葉は薄くてすぐに火が通ってしまうので、切るときから茎と葉を分ける。

おいしさを生かす調理法

先に茎を煮て
調味してから、
葉を加える

煮るときは、茎を先に入れて煮たら、端に寄せ、空いたところへ葉を加える。

先に茎を炒めてから
葉を加える

炒めるときは、茎を先に入れて炒める。葉はすぐ火が通るので、さっと炒める程度にする。

加熱の目安時間

ゆでるなら
茎 **40秒**　葉を加えてさらに **数秒**

煮るなら
茎 **3分**　葉を加えてさらに **2分**

炒めるなら
茎 **2分**　葉を加えてさらに **30秒**

おいしい
食べ方

茎と葉で切り方を変えて食感を楽しむ

とろっと
やわらか

チンゲン菜とミニほたてのクリーム煮

材料 (2人分)

チンゲン菜…2株
しょうが…½かけ
ミニほたて(ゆで)…100g

A
- 水…¼カップ
- 酒…大さじ1
- 鶏がらスープの素…小さじ½
- 塩…小さじ¼
- こしょう…少々

牛乳…1カップ
水溶き片栗粉…片栗粉大さじ1＋水大さじ3
サラダ油…小さじ2

作り方

1 チンゲン菜の茎は半分の長さに切り、葉は3〜4㎝幅の斜め切りにする。しょうがはせん切りにする。

2 フライパンにサラダ油を中火で熱し、チンゲン菜の茎、しょうがを入れて炒める。油が回ったら、チンゲン菜の葉、Aを加えて蓋をし、煮立ったら2分ほど蒸し煮にする。牛乳、ほたてを加え、再び煮立ったら水溶き片栗粉を加えてとろみをつけ、ひと煮立ちさせる。

28

チンゲン菜の塩昆布バター炒め

2 さっと炒めてシャキシャキ食感に

材料 （2人分）

チンゲン菜… 2株
Ⓐ ┌ 塩昆布… 5g
　 └ こしょう… 少々
バター… 15g

作り方

1 チンゲン菜は1cm幅の斜め切りにする。

2 フライパンにバターを中火で熱し、チンゲン菜の茎、葉の順に入れて炒め、Ⓐを加えて炒め合わせる。

> おいしいPOINT
>
> クセのないチンゲン菜に塩昆布とバターを調味料代わりに加え、味に深みを持たせた炒め物。細切りにしたチンゲン菜の食感が残るようにさっと炒めて。

歯ごたえを残して

チンゲン菜の煮浸し 3

茎から煮て葉は後から入れる

だしごと味わう

材料 （2人分）

チンゲン菜… 2株
油揚げ… 1枚
Ⓐ ┌ だし汁… ¾カップ
　 │ しょうゆ・みりん
　 └ 　…各小さじ2

作り方

1 チンゲン菜は2〜3cm幅の斜め切り、油揚げは短冊切りにする。

2 鍋にⒶを入れて中火にかけ、煮立ったら油揚げとチンゲン菜の茎を加え、再び煮立ったら蓋をして3分ほど煮る。葉を加え、さらに2分ほど煮る。

> おいしいPOINT
>
> しっかりした茎は先に入れて火を通し、葉は後から入れることでくたくたになりすぎず、どちらもおいしく食べられる。油揚げの旨みをチンゲン菜にじっくり煮含ませる。

Data

旬	2〜3月
特徴	茎に花やつぼみがついている
味	ほろ苦い風味とみずみずしい食感

菜の花

油でじっくり蒸し焼きにする食べ方もおいしい！

Good!
つぼみが密集してそろっている

Good!
葉や茎がやわらかい

Good!
切り口がみずみずしい

トリビア

菜花と菜の花は同じもの？
菜花の名前で売られているものもあるが、こちらは西洋アブラナ系で、菜の花は在来種系を指すことが多い。

主な栄養成分

ビタミンC、葉酸

特にビタミンCが豊富に含まれるので、美肌や風邪予防に。また、増血作用のある葉酸も多く含まれるので貧血予防にも効果的。

保存方法

キッチンペーパー＆ポリ袋で冷蔵保存
根元を水に5分ほどつけてからキッチンペーパーで包み、ポリ袋に入れて冷蔵室で立てて保存。

30

おいしさを生かす下ごしらえ

Memo

- - - - - - - - - - - - - - - -

**縛って売られている
菜の花の扱い方**

紙の帯などでぎゅっと縛られた状態のものを購入した場合は、帯を外して広げてから水に浸す。

- - - - - - - - - - - - - - - -

最初に水に浸して
生き返らせる

買ってきたらまず水に浸す。水を吸い上げてシャキッとするまで、しばらくおいてから調理する。

茎

下の葉

下の葉をとって茎と分ける

茎の下のほうにも葉がついているので、葉を取ってから茎と葉を切り分ける。

Memo

- - - - - - - - - - - - - - - - - - -

菜の花の苦みのヒミツ

アブラナ科の植物に含まれる辛み・苦み成分は加熱することで減少すると考えられているので、ゆでたり、焼いたりするのがおすすめ。

- - - - - - - - - - - - - - - - - - -

おいしさを生かす調理法

茎の部分を指で
確認してゆで加減を
調節する

茎がかたい場合はゆでる時間を長めにしたほうがいいので、やけどに注意しながら途中でゆで具合を確認する。

加熱の目安時間

ゆでるなら　茎を**30**秒ゆで、葉を加えてさらに**30**秒
蒸し焼きなら　茎と葉を一緒に**3~4**分

ゆでるときは茎から入れて
葉は最後に入れる

一緒に入れると葉がくたくたになってしまうので、茎のゆで加減を確認してから葉を加える。ゆでたら流水にとる。

ゆでてから炒めると水っぽくなるので
生から蒸し焼きにする

茎の部分は火が通りにくいので、蓋をして蒸し焼きに。オイルも加えて、β-カロテンなどの吸収率を上げる。

おいしい
食べ方

1

ほろ苦が
おいしい

油で焼くことで苦みを和らげる

菜の花のガーリックオイル焼き

材料 （2人分）

菜の花… 150g
にんにく… ½かけ
塩… 小さじ⅕
酒… 小さじ2
粗びき黒こしょう… 少々
オリーブオイル… 小さじ2

作り方

1 菜の花は根元のかたい部分を切り落とす。にんにくは薄切りにする。

2 フライパンにオリーブオイル、にんにくを中火で熱し、菜の花、塩を入れてさっと炒める。酒を回し入れて蓋をし、弱火で2分ほど蒸し焼きにし、上下を返してさらに2分ほど蒸し焼きにする。粗びき黒こしょうをふる。

おいしいPOINT

にんにくの香りをオイルに移し、少し焼き色がつくくらいまで香ばしく焼くことで菜の花の苦みが引き立つ。必ず上下を返して、両面に焼き色をつける。

32

2 菜の花とささみの酢みそ和え

材料 （2人分）

菜の花… 150g
鶏ささみ… 1本
塩…少々
酒…小さじ1
A ┌ みそ…小さじ1と½
  │ 酢…小さじ1
  │ 砂糖…小さじ½
  └ 練りからし…小さじ⅕

作り方

1 ささみは筋を取って塩をふり、酒をかける。ラップに包んで電子レンジで1分10秒加熱し、粗熱がとれたら裂く。菜の花は茎と葉に分ける。鍋に湯を沸かし、茎、葉の順に入れてゆで、流水にとる。水けを絞り、3cm長さに切る。

2 Aを混ぜ合わせ、1と和える。

ゆですぎないように茎と葉を分ける

おいしいPOINT

ゆですぎると、茎がやわらかくなりすぎて食感が悪くなるので、ゆで加減を確かめながらゆでて。練りからしの辛みと菜の花の辛みがよく合って、お酒のおつまみにも。

菜の花とあさりの卵とじ

おいしいPOINT

煮汁で煮ることを考えて、下ゆでは少しかためにしておく。卵は余熱で火を通すだけでOK。あさりの旨みが加わって味わい深く、卵の黄色も鮮やかな一品に。

3 下ゆでして色鮮やかに

色合いも春らしく

材料 （2人分）

菜の花… 200g
あさり水煮缶…小1缶
A ┌ だし汁…½カップ
  │ みりん…小さじ2
  └ しょうゆ…小さじ1
溶き卵…2個分

作り方

1 菜の花は茎と葉に分ける。鍋に湯を沸かし、茎、葉の順に入れてややかためにゆで、流水にとる。水けを絞り、3cm長さに切る。

2 鍋にA、あさり缶（汁ごと）を入れて中火にかけ、煮立ったら1を加える。再び煮立ったら溶き卵を回し入れて蓋をし、火を止めて好みのかたさになるまで蒸らす。

にら

さっと火を通すくらいの火加減が一番おいしい！

Data
旬	3〜6月
特徴	青々として、根元で分かれている
味	にんにくのような強い辛み

Good!
葉先が
ピンとしている

Good!
ハリ、
ツヤがあり、
緑色が濃い

Good!
肉厚で
幅が広い

トリビア
**レバニラは
疲労回復の最強料理！**
硫化アリルにはビタミンB$_1$の吸収を助ける効果があり、レバーには鉄分が多く、疲労回復効果が期待できる。

主な栄養成分

β-カロテン、ビタミンC、硫化アリル

抗酸化作用のあるβ-カロテン、ビタミンCが豊富。独特の匂いは硫化アリルのアリシン。アリシンがビタミンB$_1$の吸収率を高める。

保存方法
**新聞紙＆ポリ袋で
冷蔵保存**

根元を水に5分ほどつけてから新聞紙で包み、ポリ袋に入れて冷蔵室で立てて保存。

34

**炒め物用には、
食べやすい長さに切る**

根元のかたい部分を少し切り落とし、レシピに合わせた長さに切る。

1cm長さに切る

4cm長さに切る

細かく切ると、ひき肉などほかの食材となじみやすい。

炒め物などに使いやすい長さ。

ゆでるときは半分に切ってゆでる

細かく切らないことで、栄養素の流出を防げる。根元が太い場合は、先に入れ、ひと呼吸おいてから葉先を入れる。

おいしさを生かす**調理法**

根元側を先に入れる

**さっとゆでたら
水にとる**

火が通りすぎるのを防ぐのと同時に、色鮮やかに仕上がるので、さっとゆでて流水にとる。

**水けをよく絞ってから
食べやすい長さに切る**

すぐに引き上げてしっかり水けを絞る。長さをそろえてから切ると、同じ長さに切りやすい。

加熱の目安時間

ゆでるなら **20秒**　炒めるなら **30～40秒**

**炒めるときは、最後に加えて
和えるくらいがちょうどいい**

生でも食べられるので、炒めるときは最後に加えてさっと和え、余熱で火を通すくらいのタイミングで十分。

にらと春雨の塩ナムル

材料　(2人分)

にら…1束
春雨(乾燥)…20g

A
┌ ごま油…小さじ1と½
│ 白いりごま…小さじ½
│ 塩…小さじ¼
│ 砂糖…ひとつまみ
└ 粉唐辛子…少々

作り方

1 にらは根元を少し切り落として半分の長さに切る。鍋に湯を沸かし、根元、葉先の順に入れてゆで、流水にとる。水けを絞り、3cm長さに切る。春雨は熱湯につけて戻し、食べやすい大きさに切る。

2 Aを混ぜ合わせ、1と和える。

おいしい
食べ方

1

さっとゆでて独特の香りを残す

ゆでて
和える

おいしいPOINT

にらはさっと火を通す程度でOKなので、ゆですぎに注意。にらも春雨もしっかり水けをきってから和え、調味料を均等に全体にしっかり行き渡らせるのがポイント。

にら肉みそ

2 にらは香味野菜の代わりに使う

香りを生かして

材料 （2人分）

にら…1束
豚ひき肉…150g
A［みそ…大さじ1と½
酒…大さじ1
砂糖・しょうゆ
…各小さじ1］
ごま油…小さじ2

作り方

1 にらは根元を少し切り落として1cm長さに刻む。

2 フライパンにごま油を中火で熱し、ひき肉を入れてポロポロになるまで炒める。一度火を止めて**A**を加えて混ぜ、再び中火にかけて汁けがなくなるまで40秒ほど炒め、**1**を加えてさっと炒め合わせる。

3 クセのあるにらをしょうがポン酢で

さっぱりといただく

材料 （2人分）

にら…1束
わかめ（塩蔵）…10g
しょうが…½かけ
ポン酢しょうゆ
…小さじ1と½

作り方

1 にらは根元を少し切り落として半分の長さに切る。鍋に湯を沸かし、根元から入れてゆで、流水にとる。水けを絞り、3cm長さに切る。わかめはさっと湯通しし、食べやすい大きさに切る。しょうがはすりおろす。

2 **1**とポン酢しょうゆを和える。

にらとわかめのしょうがポン酢和え

白菜

外側

Data

旬	10〜3月
特徴	外側はかたく、内側はやわらかい
味	あっさりとしてみずみずしい食感

外側と内側の特徴に合わせて
おいしく食べきる！

Good!
巻きが
しっかり
している

Good!
切り口が
割れていない

Good!
断面が
平らなもの

トリビア

**英語ではチャイニーズ・
キャベツと呼ばれている**

中国など東アジアでの栽培が
盛んで中国料理に欠かせない
野菜。日本には日清・日露戦
争の頃に伝わったとも。

保存
方法

**切ったものは
ラップをして冷蔵保存**

丸ごとの場合は、新聞紙で包んで
冷蔵室または冷暗所で保存。切っ
たものは、芯を切り落としてラッ
プでぴっちり包み、冷蔵室で保存。

主な栄養成分

カリウム、ビタミンC、食物繊維

カリウムが多く含まれるので、利尿作用が期待
でき、高血圧、むくみ予防に。ビタミンCや
食物繊維も豊富なうえ、低カロリー。

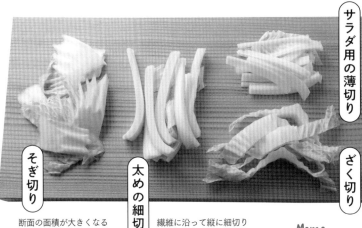

サ
ラ
ダ
用
の
薄
切
り

やわらかい内側はサ
ラダ向き。繊維に沿
って切ることで、シ
ャキッとした食感に。

ざ
く
切
り

縦に切っても横に切
ってもOK。

そ
ぎ
切
り

断面の面積が大きくなる
ので味が染み込みやすく、
あんかけや炒め物向き。

太
め
の
細
切
り

繊維に沿って縦に細切り
にすれば、炒めてもシャ
キッとした食感に。

Memo

軸と葉を分けてから切る

やわらかい葉と厚みのある軸の部分では火
の通りが違うので、軸と葉を分けて切る。

おいしさを生かす調理法

加熱の目安時間

炒めるなら **2分**

煮るなら **7〜8分**

トロトロ **10分**

焼くなら 両面で **10〜15分**

**軸と葉は時間差で炒めて
食感を生かす**

軸と葉を一緒に入れてしまうと、葉に火が
通りすぎてしまうので、軸を先に炒めてか
ら葉の部分を加える。

**白菜の中心部が残ったら
ステーキにして食べるのが一番**

白菜が小さくなってきたら、大きく切って
蒸し焼きにすると、甘みが引き出されてお
いしい。

おいしい
食べ方

1

生の白菜は水にさらさずに和える

生の食感が
新鮮！

白菜とチーズの梅ドレッシングサラダ

材料　（2人分）

白菜… 2枚
さけるタイプのチーズ… 1本
梅干し… 1個
　┌ オリーブオイル…小さじ2
Ⓐ　酢…小さじ1
　└ こしょう…少々
かつお節… 少々

作り方

1　白菜は3cm長さに切ってから縦に薄切りにする。チーズは半分の長さに切って裂く。

2　梅干しは種を取り除いて細かくたたき、Ⓐと混ぜ合わせる。1を加えて和え、かつお節をふる。

おいしいPOINT

3cm長さに切って、軸の部分は薄切り、葉の部分は細切りに。水分が多く、アクのない白菜は、水にさらさなくてOK。ふわっと持ち上げるように和えるのがコツ。

2 白菜のにんじんあんかけ煮

やわらかく煮込んで

煮込むときはそぎ切りにする

材料 （2人分）

白菜… 4枚
にんじん… 80g
ほたて水煮缶… 小1缶
A［ 水… 1カップ
　 酒… 大さじ2
　 鶏がらスープの素… 小さじ½
　 塩… 小さじ¼
　 こしょう… 少々 ］
水溶き片栗粉
　…片栗粉小さじ1＋水大さじ1
サラダ油… 大さじ1

作り方

1 白菜は一口大のそぎ切りにする。にんじんはすりおろす。

2 フライパンにサラダ油を中火で熱し、白菜を入れて炒め、にんじんを加えてさらに炒める。ほたて缶（汁ごと）、Aを加え、煮立ったら蓋をして弱火で7〜8分煮る。中火にし、水溶き片栗粉を加えてとろみをつけ、ひと煮立ちさせる。

おいしいPOINT
煮込むときは、軸の部分をそぎ切りにすると味が染み込みやすくなる。上海がにの煮込みをイメージして、にんじんのすりおろしであんをオレンジ色にし、ほたてで旨みを出す。

3 白菜の甘酢炒め

軸は細切りにして先に炒める

甘酢味でさっぱりと

おいしいPOINT
淡白な白菜に、赤唐辛子としょうがの辛みをきかせて、白菜の漬け物、辣白菜（ラーパーツァイ）風に。漬けずにさっと炒めて味を染み込ませるので、すぐできて簡単。

材料 （2人分）

白菜… 3枚
しょうが… ½かけ
赤唐辛子… ½本
A［ 酢… 大さじ2
　 砂糖… 大さじ1
　 しょうゆ… 大さじ½ ］
ごま油… 大さじ1

作り方

1 白菜は軸を5〜6cm長さの細切りにし、葉は食べやすい大きさに切る。しょうがはせん切り、赤唐辛子は輪切りにする。

2 フライパンにごま油を中火で熱し、しょうが、赤唐辛子、白菜の軸を入れて炒める。しんなりしたら白菜の葉を加えてさっと炒め、Aを加えて炒め合わせる。

ほうれん草

ほうれん草

主な栄養成分

ビタミンC、β-カロテン、鉄

鉄が多く含まれるうえ、吸収率をアップさせるビタミンCも豊富なので、貧血予防に。ほかにもβ-カロテン、カリウムなども多い。

Data

旬	10〜2月
特徴	葉先が尖っていて切れ込みが深い
味	昔に比べてアクが少なく、甘みがある

Good!
青々として厚い葉

Good!
茎がピンとしている

Good!
根元が太く赤い

クセが少なくなった分、生でも加熱してもおいしい！

トリビア

ペルシアあたりで生まれた作物だった？

名前の由来は諸説あるが、「菠薐（ほうれん）」は昔のペルシア（今のイラン）を指しているという説が有力。

保存方法

キッチンペーパー＆ポリ袋で冷蔵保存

根元を水に5分ほどつけてからキッチンペーパーで包み、ポリ袋に入れて冷蔵室で立てて保存。

ちぢみほうれん草

Data

旬	12〜2月
特徴	地面に葉を広げるので平たい
味	凍らないように糖分を蓄えて甘い

レシピによって長さを変える

ゆでずに生のまま炒めるときは、レシピによって長さを変えて切る。

長めのざく切り	短めのざく切り

ゆっくり炒めてくたっとした食感にするときは、長めに切る。

さっと短時間で炒めるときは、短めに切る。

根元を切り落として半分に切る

根を切り落とし、根元を半分に切るか、太い場合は十字に包丁を入れる。

根元を割ってから水で洗うと泥が簡単に落ちる

根元に切り込みを入れてから水で洗うと、泥などの汚れを落としやすい。

18cmの雪平鍋で切らずにゆでる

18cmの雪平鍋に湯を沸かし、ぎゅっと詰めて入れ、再び沸騰したらひっくり返す。

さっと流水にとってすぐに引き上げる

流水にとり、水っぽくならないようにすぐに水から引き上げる。

Memo

ゆでるなら少し長めがおいしい

ゆで加減は、食感を残したい場合はしゃぶしゃぶするくらい、甘みを感じたい場合は、1分ほどゆでる。

レンジ加熱の場合

長さを半分に切り、上下を交互にしてラップで平らに包み、100gあたり1分40秒加熱し、流水にとって絞る。

加熱の目安時間

ゆでるなら **50秒～1分**
炒めるなら **3～4分**

下ゆでせずに炒めるのがおいしい

均一に火を通すなら、茎から入れて炒める。クリームスピナッチのようにくたくたに炒める食べ方も。

おいしい
食べ方

1

生で甘みを
味わって

最近はえぐみが少ないので生でサラダに

ほうれん草のシーザーサラダ

材料 （2人分）

ほうれん草…100g
アボカド…小½個

A ［
プレーンヨーグルト…大さじ2
マヨネーズ・パルメザンチーズ・
　オリーブオイル…各小さじ2
塩…小さじ⅕
にんにく（すりおろし）・
　こしょう…各少々
］

作り方

1　ほうれん草は3cm長さに切り、アボカドは食べやすい大きさに切る。

2　器に1を盛り、混ぜ合わせた**A**をかける。

おいしいPOINT

最近のほうれん草は昔に比べてえぐみなどが少なくなっているが、シュウ酸が気になる場合は、サラダほうれん草を。

クリームスピナッチ

材料　（2人分）

ほうれん草…200g
にんにく…薄切り2枚
クリームチーズ…40g
塩・こしょう…各少々
オリーブオイル…大さじ1

作り方

1　ほうれん草は5〜6cm長さに切る。

2　フライパンにオリーブオイルを中火で熱し、にんにく、ほうれん草の茎を入れて炒める。全体に油が回ったらほうれん草の葉を加えて2分ほど炒める。しんなりしたらクリームチーズを加えて混ぜ、塩、こしょうで味をととのえる。

2 生から炒めたほうがおいしい

チーズとの相性◎！

おいしい*POINT*

ステーキやハンバーグなどのつけ合わせに人気のクリームスピナッチ。生クリームやバターを使うことが多いが、クリームチーズを使えば、コクはありつつしつこくない仕上がりに。

---

3 ゆでてから煮汁を含ませる

だしが染み込む

ほうれん草とがんもの煮物

材料　（2人分）

ほうれん草…200g
がんもどき（ミニサイズ）…3個
A [だし汁…¾カップ
　　酒・しょうゆ…各大さじ1
　　砂糖…大さじ½]

作り方

1　鍋に湯を沸かし、ほうれん草を入れてかためにゆで、流水にとる。水けを絞り、3cm長さに切る。がんもどきは半分に切る。

2　鍋にⒶを入れて中火にかけ、煮立ったらがんもどきを加えて蓋をし、弱火で5〜6分煮る。ほうれん草を加えて中火にし、さらに2分ほど煮る。

おいしい*POINT*

ゆでるか、電子レンジで加熱してから煮ると、煮汁が薄まらず、ほうれん草にしっかり味を含ませることができる。水けをしっかり絞ってから最後に加えるのがポイント。

水菜

断然生で食べるのがおすすめ。余熱で火を通すぐらいの加減が美味。

Data

旬	10〜3月
特徴	葉や茎の部分が薄い緑色で細長い
味	シャキシャキとした食感で、クセが少ない

Good!
葉先が
ピンとしている

Good!
茎は細くて
白い

Good!
ハリが
あるもの

トリビア

水菜と壬生菜の違いって？

水菜は葉がギザギザしているが、水菜から分化した壬生菜（みぶな）は葉が丸く、漬け物に使われることも。

主な栄養成分

ビタミンC、β-カロテン

風邪予防に効果的なビタミンC、β-カロテンが豊富で、β-カロテンは粘膜を丈夫にして免疫力をアップさせる。カルシウムや鉄も含む。

保存方法

新聞紙＆ポリ袋で冷蔵保存

根元を水に5分ほどつけてから新聞紙で包み、ポリ袋に入れて冷蔵室で立てて保存。

46

まずは**根元を切り落とす**

根元を切り落として水の中でふり
洗いし、根元の泥を落とす。

基本は
ざく切り

レシピの長さに合わせて、
茎も葉もざくざく切る。

水にさらす？

しなっとしている場合
だけ。水っぽくなるの
で通常は必要ない。

Memo

- - - - - - - - - - - - - - - - -

**切ったものは
すぐ食べる**

切り口から傷みやすいので、切
ったものはなるべく保存しない
で、すぐに食べきる。

- - - - - - - - - - - - - - - - -

水けをきって
キッチンペーパー
で拭き取る

切ったらザルで水けをきり、
さらにキッチンペーパーで
水けを拭き取るとサラダな
ども水っぽくならない。

おいしさを生かす**調理法**

加熱の目安時間

煮るなら **2分**

仕上がりによって
加熱時間を変える

普通の煮浸しなら2分ほど、ハリ
ハリ煮のようにかために仕上げる
場合はさっと煮て余熱で火を通す。

Memo

- - - - - - - - - - - - - - - - -

**水分のある生で食べるほうが
サクサクと歯切れがよい**

シャキシャキ感、サクサクとした歯ざ
りが楽しめる生で食べるのがおすすめ。
炒めると繊維感が強調される。

- - - - - - - - - - - - - - - - -

おいしい
食べ方

1

水菜は生で食べるのが断然おいしい

水菜のザーサイねぎ和え

材料　（2人分）

水菜…100g
長ねぎ…¼本
ザーサイ（味つき）…20g
A ┌ ごま油…小さじ2
　└ ラー油…少々
塩・こしょう…各少々

作り方

1 水菜は3㎝長さに切り、しっかり水けをきる。長ねぎ、ザーサイはみじん切りにする。

2 Aを混ぜ合わせ、1と和える。塩、こしょうで味をととのえる。

歯ざわりを
楽しんで

 おいしいPOINT

味が均一になるように、ごま油、ラー油をよく混ぜ合わせてから和える。切り口から悪くなるので、切った水菜は早めに食べきって。

ミモザサラダ

材料 （2人分）

水菜…100g
ゆで卵…1個
A 　オリーブオイル…小さじ2
　酢・マスタード
　　…各小さじ1と½
　塩・こしょう…各少々

作り方

1 水菜は3cm長さに切り、しっかり水けをきる。ゆで卵は刻む。

2 Aを混ぜ合わせ、水菜と和える。器に盛り、ゆで卵をのせる。

2
水けをよくきって和える

ゆで卵で
色鮮やかに

おいしいPOINT

油と調味料が分離しないように、和える前にドレッシングをよく混ぜる。卵の黄色が鮮やかなサラダ。

水菜のゆず
こしょう煮浸し

材料 （2人分）

水菜…200g
A 　だし汁…1カップ強
　みりん…小さじ2
　しょうゆ…小さじ1
　塩…少々
ゆずこしょう…小さじ¼

作り方

1 水菜は3〜4cm長さに切る。

2 鍋にAを入れて中火にかけ、煮立ったら1、ゆずこしょうを加えて混ぜ、火を止めて余熱でしんなりさせる。

3
余熱で火を通してシャキシャキに

あっさり
煮浸し

おいしいPOINT

火を通しすぎないで、水菜のシャキシャキ感を残して。やさしいだしの味にピリッと辛いゆずこしょうがアクセント。煮汁ごとどうぞ！

Data	
旬	7〜9月
特徴	葉先が尖った楕円形。刻むと粘りが出る
味	かすかな甘みと青臭さが少しある

モロヘイヤ

少しクセのある野菜には酸味やスパイスが好相性！

Good!
葉がピンとはり、厚みがある

Good!
葉がやわらかい

Good!
緑色が濃い

トリビア

王様の病気を回復させたのが名前の由来

アラビア語の「王様の野菜（ムルキーヤ）」が語源で、病気の王様が食べたところ、回復したのが名前の由来とも。

主な栄養成分

β-カロテン、ビタミンC

β-カロテン含有量は野菜の中でトップクラス。ビタミンCも豊富で美肌効果も。カルシウム、ビタミンEも多い。

保存方法

キッチンペーパー＆ポリ袋で野菜室で保存

キッチンペーパーで包み、ポリ袋に入れて野菜室で保存。

おいしさを生かす**下ごしらえ**

Memo

**枝の部分は
やわらかいので
食べてOK**

茎から分かれている枝ごと葉を摘んで使うが、枝にかたい部分がある場合は、取り除くと食感がよくなる。

茎はかたいので
葉を摘んで調理する

茎の部分はかたいので、枝の部分から先の葉を摘んで使う。

おいしさを生かす**調理法**

葉が薄いからといって
さっとゆでるのはNG

葉は見た目には薄いが、さっと湯に通すだけではかたいので、1分ほどしっかりゆで、すぐ流水にとる。

加熱の目安時間

ゆでるなら **1分**

水にさっとくぐらせて
鮮やかな緑色をキープ

流水にとって火が通りすぎるのと色が変わるのを防ぐ。さっとさらして水けを絞ってから調理する。

細かく刻めば、ねばねばに

刻めば刻むほど、切り口から粘りけが出てくる。

ねばねばさせたくなければ
大きめに

粘りを出したくないときは、大きめに切る。切り口が少なければ、粘りも出にくい。

クセのあるモロヘイヤには
酸味やスパイスを組み合わせる

梅干し、カレー粉、しょうが、にんにくなど、酸味、スパイス、香味野菜など強い味のものと。

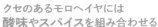

モロヘイヤの梅おろし和え

材料　（2人分）

モロヘイヤ…100g
梅干し…1個
大根…100g
塩…少々
みょうが…1本

作り方

1 モロヘイヤはかたい茎を取り除く。鍋に湯を沸かし、モロヘイヤを入れて1分ほどゆで、流水にとる。水けを絞り、食べやすい大きさに切る。梅干しは種を取り除いて細かく刻む。みょうがは輪切りにする。

2 大根はすりおろし、梅干し、塩と混ぜ合わせ、モロヘイヤと和える。器に盛り、みょうがをのせる。

おいしい食べ方

1 モロヘイヤにはクセの強い薬味を

梅干しでさっぱりと

おいしいPOINT

大根おろしと絡みやすくするため、しっかり刻んで粘りを出す。クセのあるモロヘイヤに梅干しの酸味やみょうがの風味を加えると食べやすくなる。

モロヘイヤのチヂミ

材料 （2〜3人分）

モロヘイヤ…100g
小麦粉…大さじ5
Ⓐ［溶き卵…1個分
　水…大さじ2
　かつお節…½パック（2g）
サラダ油…小さじ2
ポン酢しょうゆ…適量

作り方

1 モロヘイヤはかたい茎を取り除いてざく切りにする。ボウルにモロヘイヤ、小麦粉を入れて混ぜ、Ⓐを加えて混ぜ合わせる。

2 フライパンにサラダ油を中火で熱し、1を入れて平らにならし、弱火〜中火で両面を3〜4分焼く。切り分けて器に盛る。ポン酢しょうゆでいただく。

2 粘りを出さないときはざく切りに

ポン酢でさっぱりと

おいしいPOINT

粘りが出ないようにざく切りにし、小麦粉と混ぜる。食べるときにポン酢しょうゆをかけ、さっぱりといただく。

ひんやり
夏の汁物

モロヘイヤの冷や汁

材料 （2人分）

モロヘイヤ…50g
木綿豆腐…100g
さば水煮缶…½缶
みそ…大さじ1
冷水…1と½カップ
白すりごま…小さじ2

作り方

1 モロヘイヤはかたい茎を取り除く。鍋に湯を沸かし、モロヘイヤを入れて1分ほどゆで、流水にとる。水けを絞り、細かく刻む。豆腐は食べやすい大きさに割る。

2 ボウルにさば缶（汁ごと）を入れてつぶし、みそを加えて冷水で溶きのばす。1、白すりごまを加えて混ぜ合わせる。

3 細かく刻んで粘りを出す

おいしいPOINT

モロヘイヤを細かく刻んで出た粘りで汁にとろみが出る。さばの旨み、香ばしいすりごまを組み合わせることで、クセのあるモロヘイヤもおいしく食べられる。

レタス

生野菜サラダの代表格。軽く火を通してもおいしい。

Data

旬	6〜10月
特徴	95％以上が水分の淡色野菜
味	シャキシャキとした食感と歯ざわりがいい

Good!
葉は緑色が濃すぎないもの

Good!
巻きがゆるく軽いもの

Good!
切り口がきれい

トリビア

根元を切ると白い液が出る？
ラテン語で「乳」を意味する言葉が名前の由来といわれ、日本には中国から伝わり、「ちしゃ（乳草の転化）」と呼ばれたとも。

サニーレタス

β-カロテン、ビタミンEなどが豊富な緑黄色野菜！

サラダ菜

主な栄養成分

ビタミンC、食物繊維

ほとんどが水分だが、ビタミンCや食物繊維を含むので美肌や便秘改善に。普通のレタスより、リーフレタスの方が栄養価は高い。

保存方法

新聞紙＆ラップをして冷蔵保存
芯の切り口を切り落として小麦粉をぬる。新聞紙で包み、ラップで包んで冷蔵室で保存。

冷水につけて
シャキッとさせる

水を吸い上げてシャキッとする。栄養価の流出を防ぐため、ちぎらないで1枚丸ごと水につける。

→

水けをよく拭き取って
シャキシャキに!

ザルに上げ、さらにキッチンペーパーで水けを拭き取ると、サラダにしても煮ても水っぽくならない。

↓

真ん中の芯は刻んで
炒め物やスープに

芯の部分は苦いので、生で食べるのには向かない。刻んだり、薄く切ったりして炒め物や汁物に使って。

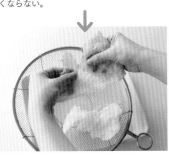

大きめにちぎる

まとめてちぎらないで、1枚ずつちぎったほうがレタスに傷がつきにくい。

おいしさを生かす**調理法**

油多めで強火でさっと炒める

大きなフライパンでさっと強火で炒めたほうが水が出にくい。油を多めにして絡ませるように炒めて。

加熱の目安時間

炒めるなら **40秒**
煮るなら **1分**

煮浸しは最後に加えて
火を止める

さっと混ぜ、すぐに火を止める。生でも食べられるので、半分火が通ったくらいがおいしい。

おいしい
食べ方

1

大きめにちぎって食べごたえを出す

さっと
炒めて

レタスのマヨオイスター炒め

材料 （2人分）

レタス…½個（250g）
マヨネーズ…大さじ1強

Ⓐ ┌ オイスターソース
　　　…大さじ½
　└ 塩・こしょう…各少々

作り方

1 レタスは大きめにちぎる。

2 フライパンにマヨネーズを中火で熱し、半分ほど溶けてきたら1を入れて炒め、Ⓐを加えてさっと炒め合わせる。

おいしいPOINT

炒めると小さくなるので、なるべく大きくちぎる（1枚を半分くらいでもOK）。レタスを入れたらさっと炒め、調味料を入れ、全体に行き渡ったら火を止める。

2 塩とごまだけでシンプルにいただく

レタスの
ごま塩もみ

材料 （2人分）

レタス…3枚
塩…小さじ⅕
白いりごま…小さじ½

作り方

1 レタスは一口大にちぎり、塩をふって5分ほどおく。軽く水けをきり、白いりごまを混ぜ合わせる。

おいしいPOINT

塩をふっておくことで、余分な水分が抜け、レタス本来の旨みが凝縮するので、塩とごまだけでびっくりするほどおいしく食べられる。

3 最後に加えて食感を残す

レタスとツナの
煮浸し

材料 （2人分）

レタス…½個（250g）
ツナオイル漬け缶…小1缶
Ⓐ ┌ 水…¾カップ
  │ 酒…大さじ1
  └ しょうゆ…小さじ1

作り方

1 レタスは大きめにちぎり、ツナ缶は油をきる。

2 鍋にⒶ、ツナ缶を入れて中火にかけ、煮立ったらレタスを加え、混ぜながらしんなりするまで1分ほど煮る。

和の
おかずにも

おいしいPOINT

煮立ったところにレタスを入れ、火が通りきる前に止めても余熱で火が通る。まだ早いかなと思うくらいで止めてみて。半生の食感もおいしいのでお好みで。

アスパラガス

下ゆでで不要の万能野菜。火を通すことで甘みを引き出す。

グリーンアスパラガス（国産）

Data

旬	5〜8月
特徴	茎が太くてみずみずしい
味	甘みがあり、やわらかくて歯ごたえがある

Good!
穂先が締まっている

グリーンアスパラガス（輸入）

Data

旬	通年
特徴	発芽直後の若い芽。茎が細い
味	シャキシャキとした食感

Good!
緑が濃く、茎がまっすぐ

Good!
根元の切り口に水分がある

Good!
表面にツヤとハリがある

Good!
きれいな乳白色

Good!
茎が太い

主な栄養成分

アスパラギン酸、ルチン、ビタミンB群

新陳代謝を促すアスパラギン酸や抗酸化作用のあるルチンを含む。ビタミンB_1、B_2も豊富で代謝アップ、疲労回復に効果的。

ホワイトアスパラガス

Data

旬	1〜6月
特徴	軟白栽培で色が白い
味	やわらかくて甘みがある

保存方法 キッチンペーパー＆ポリ袋で冷蔵保存

キッチンペーパーで包み、ポリ袋に入れて冷蔵室で立てて保存。

**太くても細くても
筋の本数は同じ**

細くても太くても、筋の
数はほとんど変わらない
ので、太いほうがみずみ
ずしくておいしい。

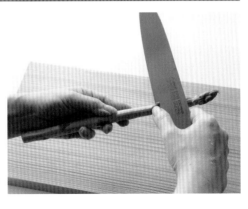

はかまはとったほうが
口あたりがよくなる

包丁を入れ、まわりの茎を削らないよ
うに、はかまだけをちぎるように取る。

根元はポキンと折るのが正解

根元は繊維が口に残ることが多いので、
手でしならせて自然に折れた上の部分
だけを使う。

折ったアスパラの長さに合わせて
残りの根元を切るとラク

1本だけを折り、ほかは包丁で同じ長さに切れば、
1本1本折るよりも手間が少なくラク。

根元から先にゆでる

やわらくなりすぎたり、皮
がむけるので、ゆですぎに
注意。同じくらいの太さな
ら一緒にゆでてOK。

炒めるときは
生からのほうがおいしい

炒めるときは下ゆで不要。生から炒め
て甘みを引き出す。

加熱の目安時間

ゆでるなら **2分**
炒めるなら **1分**

おいしい
食べ方

1

切らずにそのまま トースターで焼く

アスパラガスの ガーリックマヨ焼き

材料 （2人分）

グリーンアスパラガス … 6本（150g）
- **A** ┌ オリーブオイル … 小さじ1
- └ 塩・こしょう … 各少々
にんにく … ¼かけ
マヨネーズ … 大さじ1と½
パルメザンチーズ … 小さじ2

作り方

1 アスパラガスは根元のかたい部分を切り落とし、はかまを取り除く。耐熱皿に入れ、混ぜ合わせた**A**をかける。

2 にんにくはみじん切りにしてマヨネーズと混ぜ合わせ、**1**にかける。チーズをふり、オーブントースターで10分ほど焼く。

丸ごと
味わう！

おいしい**POINT**

切らずに使えば、1本丸ごと味わえ、見た目にもボリュームを感じられる。マヨネーズをソース代わりにしてコクを出し、にんにくの風味で食が進む。

アスパラガスの
アーモンドきんぴら

おいしいPOINT

アスパラガスは斜めに切るので火の通りが
早い。香ばしいアーモンドのカリカリとし
た食感がアクセント。しょうゆを使うので、
無塩ローストアーモンドで。

材料 （2人分）

グリーンアスパラガス
　…6本（150g）
ローストアーモンド（無塩）
　…10g
Ⓐ 酒…小さじ2
　 しょうゆ…小さじ1
　 砂糖…小さじ¼
サラダ油…小さじ1と½

2 斜めに切ってさっと炒める

歯ごたえも
楽しい

作り方

1 アスパラガスは根元のかた
い部分を切り落とし、はか
まを取り除いて斜め切りに
する。アーモンドは粗く刻
む。

2 フライパンにサラダ油を中
火で熱し、アスパラガスを
入れて炒める。Ⓐを加えて
炒め合わせ、アーモンドを
加えてさっと炒める。

材料 （2人分）

グリーンアスパラガス
　…6本（150g）
ハム…2枚
青じそ…4枚
Ⓐ オリーブオイル…小さじ2
　 酢…小さじ1
　 塩…小さじ⅕
　 こしょう…少々

3 ゆでてドレッシングと和える

青じそで
さっぱり

作り方

1 アスパラガスは根元のかたい部分を
切り落とし、はかまを取り除いて鍋
に入る大きさに切る。鍋に湯を沸か
し、アスパラガスを入れて1〜2分
ゆで、流水にとる。水けをきり、
3cm長さに切ってから縦半分に切る。

2 ハムは短冊切り、青じそは粗みじん
切りにする。Ⓐを混ぜ合わせ、1、
ハム、青じそと和える。

アスパラガスとハムの
しそドレッシングサラダ

おいしいPOINT

繊維に沿って縦に切るので、サクサクとし
た食感が味わえる。アスパラガスをゆです
ぎないようにするのがポイント。青じそが
さわやかなドレッシングが美味。

オクラ

炒めてもゆでても煮てもおいしい。さっと火を通すぐらいがベスト！

Data

旬	4〜12月（沖縄産）
特徴	うぶ毛がある
味	粘りけがあり、やわらかい ほんのりと甘みがある

Good!

ガクにトゲがある

Good!

青々としていてうぶ毛が密集している

トリビア

丸い形や赤いオクラがある

一般的な五角形の品種に加え、最近では「島オクラ」と呼ばれる丸い形のものや、赤いオクラも流通している。

保存方法

キッチンペーパー＆ポリ袋で野菜室で保存

キッチンペーパーで包み、ポリ袋に入れて野菜室で保存。

主な栄養成分

ペクチン、葉酸、カルシウム

独特の粘りのもとは水溶性食物繊維のペクチンで、腸内環境を整える。女性に不足しがちな葉酸、カルシウムなどのミネラルも豊富。

塩でこすって
うぶ毛をとる

表面に生えているかたいうぶ毛は、塩をつけてこすって取る。まな板において塩をふり、板ずりしても。

ゆでるときは
さっとゆでる

口あたりがよくなり、色鮮やかに仕上がる。ゆでてからヘタを切り落とす。

Memo

最近のオクラは
うぶ毛が少ない?

昔に比べてうぶ毛が少なくなっているようだが、口あたりをよくするには塩でもんでうぶ毛を取ったほうがよい。

Memo

ベレー帽部分は切り落とす

切り落としても、ヘタの先を切ってガクをぐるりとむいても、それほど変わらないので、手間の少ないほうで。

縦半分切り

長さが出る切り方。

斜め切り

ぶつ切りにしたときと半分に切ったときの両方の食感が味わえる。

 切り口が五角形になる一般的な切り方。

小口切り

 細かく刻めば刻むほど、粘りが出る。

刻む

小さくなるが、小口切りより粘りが出にくい。

乱切り

加熱の目安時間

ゆでるなら **10秒**
炒めるなら **1分**

オクラは
火を通しすぎないのが
おいしさのコツ

火を通しすぎるとくたっとした食感になるので、炒めるときは少し食感を残すくらいに火を通す。

炒めるときは
生からのほうが
おいしい

炒めるときは、水っぽくならないように湯通しせずに生から炒める。

1

にんにくと赤唐辛子でさっと炒める

おいしいPOINT

にんにくの香りと赤唐辛子の辛みをしっかりオリーブオイルに移してオクラに絡める。にんにくは焦がすと苦みが出るので、火加減に注意してじっくり炒める。

オクラのアーリオ・オーリオ

材料 （2人分）

オクラ… 10本（100g）
にんにく… ½かけ
赤唐辛子… ¼本
塩・こしょう…各少々
オリーブオイル
　…小さじ2

作り方

1 オクラはヘタとガクを切り落とし、斜め切りにする。にんにくはみじん切り、赤唐辛子は輪切りにする。

2 フライパンにオリーブオイル、にんにく、赤唐辛子を弱火で熱し、香りが立ったら中火にしてオクラを入れて炒め、塩、こしょうで味をととのえる。

オイルを
絡めて

焼きオクラの
カレーだし浸し

材料 （2人分）

オクラ… 10本（100g）
A ┌ だし汁… ¼カップ
　├ しょうゆ… 小さじ1
　└ カレー粉… 小さじ½
サラダ油… 小さじ2

作り方

1 オクラはヘタとガクを切り落とし、縦半分に切る。
Aは混ぜ合わせる。

2 フライパンにサラダ油を中火で熱し、オクラを入れて焼く。熱いうちにAに入れて浸す。

2 断面に味を染み込ませる

**カレー風味が
アクセント**

おいしいPOINT

油でさっと焼いてからだしに浸すと、油の旨みと香ばしさも加わり、カレーの風味がさらに際立つ。切り口にカレー風味のだしが染みておいしい。

オクラのみそ汁

おいしいPOINT

小口切りのオクラは余熱で十分火が通るので、みょうがと一緒に加えたらすぐに火を止める。シャキッとした食感が残っておいしい。トマトの旨みも加わって味わい深いみそ汁に。

材料 （2人分）

オクラ… 4本（40g）
トマト… ¼個
みょうが… 1個
だし汁… 1と½カップ
みそ… 小さじ2

作り方

1 オクラは塩（分量外）をふって塩ずりし、洗い流す。ヘタとガクを切り落として小口切りにする。トマトは乱切りにし、みょうがは縦に6〜8等分に切る。

2 鍋にだし汁を入れて中火にかけ、煮立ったらみそを溶き入れる。トマトを加えてひと煮立ちさせ、オクラ、みょうがを加えて火を止める。

3 小口切りにして余熱で火を通す

**みそ汁も
彩りよく**

Data

旬	3〜5月／11〜1月
特徴	胚軸（白い部分）は淡色野菜、葉は緑黄色野菜
味	胚軸はほんのりと甘みがあり、葉は苦みがある

かぶ

焼くと甘くてみずみずしい。葉は青菜として食べるのがおすすめ！

Good!
茎がまっすぐしっかりとしている

Good!
胚軸（はいじく）は白くツヤがある

トリビア
丸い部分は根ではなく「胚軸」
白く丸い部分は、厳密には根ではなく「胚軸」と呼ばれる茎の部分で、その下に伸びている先が根。

主な栄養成分

β-カロテン、カルシウム（葉）
ビタミンC、カリウム（胚軸）

葉は緑黄色野菜で、β-カロテン、カルシウムなどビタミン、ミネラル類が豊富。胚軸はビタミンC、カリウムが多く、高血圧予防に。

保存方法
葉と胚軸を分けて冷蔵保存
葉は切り落としてラップで包み、胚軸は新聞紙で包んでポリ袋に入れ、冷蔵室で保存。

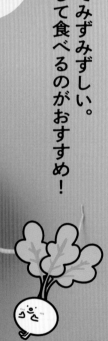

葉と胚軸は分けて食べる

葉は切り落として分けて保存し、青菜として調理するとよい。漬け物にする場合は、両方を使うことも。

かぶの茎の根元の泥は竹串を使って落とす

煮崩れを防いだり、見栄えよくするために茎を少し残す場合は、茎の根元の泥を竹串などでしっかり取り除く。

Memo

皮は根のほうから茎に向かってむく

根のほうから茎のつけ根に向かってむく。煮物などをやわらかく仕上げたいときは厚めにむく。皮は漬け物にしても。

薄切り

生で食べるときに。茎がついていた方を下にして薄切りに。

輪切り

皮をむいたかぶを横にして切る。

くし形切り

皮をむいて縦半分に切り、放射状に切る。

かぶは焼くと甘みが引き立つからジューシーでおいしい

大根同様、焼くとジューシーな仕上がりになる。辛みがある大根よりも甘みが感じられ、塩をふるだけで美味。

煮物は竹串を刺して少しかたいかな？というくらいで

竹串がすっと入るまで煮てしまうと余熱で火が入り、煮崩れたり、食感が悪くなってしまうので、少し早めに火を止める。

加熱の目安時間

焼くなら**4～5分**
煮るなら**6～7分**

さっと焼いて食感を残す

こんがりと
焼いて

焼きかぶのアンチョビバターかけ

材料 (2人分)

かぶ… 2個
アンチョビ… 1枚
バター… 15g
- **A** ┌ レモン汁… 小さじ1
      └ 塩・こしょう… 各少々
オリーブオイル… 小さじ1

作り方

1 かぶは茎を少し残して切り落とし、皮をむいて縦4等分に切る。アンチョビは細かく刻む。

2 フライパンにオリーブオイルを中火で熱し、かぶを入れて両面に焼き色がつくまで焼き、器に盛る。同じフライパンでバター、アンチョビを弱火でさっと炒め、火を止めて**A**を加えて混ぜ、かぶにかける。

おいしいPOINT

さっと両面に焼き色をつけたかぶは、みずみずしく、やさしい口あたり。アンチョビとバターの塩けで、かぶの甘さがさらに引き立つ一品に。

かぶとグレープフルーツの サラダ

2

みずみずしさを 生で味わう

箸休めに ぴったり

材料 （2人分）

かぶ… 2個
かぶの葉… 少々
グレープフルーツ… ¼個
A ┌ オリーブオイル
　　…小さじ2
　├ 酢…小さじ1
　├ はちみつ…小さじ½
　├ 塩…小さじ⅕
　└ こしょう…少々

作り方

1 かぶは皮をむいて薄切りにし、かぶの葉は小口切りにする。グレープフルーツは薄皮をむき、大きめにほぐす。

2 Aを混ぜ合わせ、**1**と和える。

おいしいPOINT

生のかぶの薄切りは、とろっとした食感でみずみずしく、果物との相性も◎。はちみつが隠し味のドレッシングで和え、葉の小口切りを散らせば、さわやかなサラダの完成。

かぶとひき肉の 煮物

3

煮崩れる前に 火を止める

葉も 栄養満点

材料 （2人分）

かぶ… 3個
かぶの葉… 50g
鶏ひき肉… 100g
A ┌ だし汁…¾カップ
　├ 酒…大さじ1
　├ しょうゆ…小さじ2
　├ 砂糖…小さじ1
　└ 塩…少々
ごま油…小さじ2

作り方

1 かぶは皮をむいてくし形切りにし、かぶの葉は3㎝長さに切る。

2 鍋にごま油を中火で熱し、かぶの葉を入れて炒め、油が回ったらかぶを加えて炒める。Aを加え、煮立ったらひき肉を加えてほぐす。蓋をして再び煮立ったら弱火にし、6分ほど煮る。

おいしいPOINT

竹串を刺してみて、まだ少し抵抗があるくらいで火を止めて余熱で火を通す。かぶによって火の通り具合が違うので、レシピの時間を目安に、様子を見ながら加熱して。

かぼちゃ（西洋）

レンジ加熱でほくほくの食感に。オイルやバルサミコ酢と相性◎。

Data

旬	7〜9月
特徴	皮はかたく、表面がなめらかで光沢がある
味	強い甘みとほくほくとした食感

トリビア

名前の由来はカンボジア？
16世紀に流れ着いたポルトガルの船からカンボジアでとれたかぼちゃの種が伝わったのが名前の由来とも。

Good!
ヘタは乾いている

Good!
皮は濃い緑色

Good!
実は黄色が濃く、種が大きいもの

主な栄養成分

ビタミンE、β-カロテン、食物繊維

抗酸化作用のあるビタミンE、β-カロテン、ビタミンCが豊富で血流を良好にして免疫力アップ。食物繊維も豊富なので便秘改善に。

カットかぼちゃは真空パックがおすすめ！

薄切り

角切り

保存方法

切ったものはラップをして野菜室で保存

丸ごとの場合は、新聞紙で包んで冷暗所へ。切ったものは、種とワタを取り除いてラップでぴっちり包み、野菜室で保存。

70

おいしさを生かす下ごしらえ

カットかぼちゃの白いところは
包丁で薄く切り落とす

切り口が乾燥して白くなっている場合は、包丁で薄く切り落としてから調理する。

種とワタは
スプーンでくり抜く

種とワタの部分はスプーンを使って取る。すぐに使わない場合も買ってきたときに取り除いてラップで包んでおく。

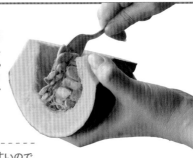

Memo

**切り口が乾燥しやすいので
ラップは必須**

ラップを切り口にぴったりくっつけ、全体を包んでから野菜室で保存し、早めに使いきる。

薄切り

¼個を半分に切ってから薄切りに。

細切り

薄切りにしてから細切りにする。きんぴらなどに。

角切り

横半分に切ってから、3〜4cm幅に切り、さらに四角く切る。

おいしさを生かす調理法

加熱の目安時間

煮るなら　　　10〜15分
電子レンジなら
100gあたり　1分50秒
焼くなら　　　4〜5分

皮を下にして煮ると
煮崩れない

煮るときは皮を下にすると煮崩れず、皮にもしっかり火が通る。

ゆでるならレンジ加熱
のほうがほくほくの食感に

ゆでると水っぽくなるので、大きめに切ってラップをかけ、電子レンジで加熱する。

多めの油でこんがり
焼くと甘みが引き立つ

素揚げする代わりに多めの油で焼けば、焦げつかずに火が通る。焼いたらキッチンペーパーで油をきる。

揚げ焼きかぼちゃの バルサミコソースがけ

材料 （2人分）

かぼちゃ… 200g（正味）

A
- バルサミコ酢…小さじ1
- はちみつ…小さじ1/3
- 粗びき黒こしょう…少々

オリーブオイル…大さじ1と1/2

作り方

1 かぼちゃは薄切りにする。

2 フライパンにオリーブオイルを熱し、**1**を入れて弱火〜中火で片面を2分ほど焼いてひっくり返し、さらに2分ほど焼き、キッチンペーパーに取り出して油をきる。器に盛り、混ぜ合わせた**A**をかける。

おいしい食べ方

1 素揚げの代わりに多めの油で焼く

カリッと焼いて

おいしいPOINT

じっくり焼いて火を通し、キッチンペーパーに油を吸わせてカリッと仕上げる。かぼちゃの甘みをストレートに味わえる揚げ焼き。バルサミコ酢の酸味がさらに甘さを引き立てる。

かぼちゃの
バターミルク煮

材料 （2人分）

かぼちゃ… 200g（正味）

A ┌ 牛乳… ¾カップ
  │ バター… 10g
  │ 塩… 小さじ⅕
  └ こしょう… 少々

作り方

1 かぼちゃは一口大に切る。

2 鍋に1、Aを入れて中火にかけ、煮立ったら弱火にして10分ほど煮る。

2 トロッと煮込んで

皮を下にしてやわらかく煮る

おいしいPOINT

甘いかぼちゃにバターとミルクの風味をプラスしたトロッとした洋風煮物。ホットサラダ代わりにしたり、肉料理のつけ合わせにもぴったり。少し加えたこしょうで味が引き締まる。

かぼちゃのカレー
ヨーグルトサラダ

おいしいPOINT

かぼちゃは小さく切ると水分が抜けてパサパサしがちなので、大きめに切って加熱したほうがおいしく仕上がる。カレー粉を隠し味に、ヨーグルトでさっぱりと。

材料 （2人分）

かぼちゃ… 200g（正味）

ローストミックスナッツ（無塩）… 20g

A ┌ プレーンヨーグルト
  │ … 大さじ2
  │ 玉ねぎ（みじん切り）
  │ … 大さじ1
  │ マヨネーズ… 小さじ2
  │ カレー粉… 小さじ½
  └ 塩… 小さじ⅕

作り方

1 かぼちゃは4等分に切り、ラップに平らに包んで電子レンジで3分30秒加熱する。ボウルに入れて粗くつぶし、冷ます。ナッツは粗く刻む。

2 Aを混ぜ合わせ、1と和える。

3 サラダのときはレンジ加熱で

おつまみにも◎

カリフラワー

サクサクの生のおいしさを味わって。揚げても煮てもおいしい！

Data
旬	11～3月
特徴	密集するつぼみを食べる野菜。白のほかにオレンジ、紫など品種も豊富
味	コリコリとした歯ごたえがあり、クセがない。やさしい甘み

トリビア

ブロッコリーの突然変異で白くなった
ブロッコリーが突然変異で白くなったもので、淡色野菜。「ケールの花（フラワー）」が名前の由来とも。

主な栄養成分
ビタミンC、食物繊維
加熱しても壊れにくいビタミンCが多く含まれ、コラーゲンの生成を促して美肌作りに効果あり。食物繊維も豊富なので、腸内環境を改善。

Good! つぼみがみちみちしている

Good! 外葉がピンとしている

Good! ずっしりと重みがある

スティックカリフラワー
茎カリフラワーとも呼ばれ、花をつける茎の部分が長いもの。

カリフラワーの仲間

ロマネスコ
カリフラワーの一種で、円錐形の形が特徴的。

保存方法
キッチンペーパー＆ラップ＆ポリ袋で冷蔵保存
つぼみの部分をキッチンペーパーで包み、全体にラップをかけ、ポリ袋をかぶせて冷蔵室で立てて保存。

74

半分に切って
みちみちの部分を外す

半分に切ってから小房に分けるが、茎が
短いので、分けられないときは、大きい
ままざく切りにする。

まずはまわりの外葉をはがす

外葉にしっかり包まれているので、まず
手ではがしてから切る。ブロッコリーと
違って茎は短い。

薄切り

大きめの房を薄切り
にすると、ボロボロ
になりにくい。

小房

揚げ物や煮物には、
小房に分けて使うと、
ボロボロしない。

Memo

小房の大きさは
料理によって変える

小房に分け、煮物には大きめの
もの、フリッターには小さめの
ものと料理によって使い分ける。

おいしさを生かす**調理法**

ゆでてそのまま食べるときは
熱湯でゆでる

レンジ加熱よりも熱湯でゆでたほうが、
カリフラワー独特の香りやクセがとれ
ておいしい。

加熱の目安時間

煮るなら **5〜6分**
ゆでるなら **1分**

Memo

小麦粉、酢を入れて
ゆでる必要なし!

最近のカリフラワーはアクが少
なくなっているので、ゆでると
きに酢や小麦粉を入れなくても
変色しにくい。

ゆでたら
ザルに上げて
そのまま冷ます

ゆでた後、水にとると水
っぽくなるので、ザルに
上げてそのまま冷ます。

おいしい
食べ方

1

生で食べるときは薄切りにする

生の食感が
新鮮！

薄切りカリフラワーの
ガーリックオイルがけ

材料　（2人分）

カリフラワー…150g
にんにく…1かけ
塩…小さじ⅙
粗びき黒こしょう…少々
オリーブオイル…大さじ1

作り方

1　カリフラワーは小房に分けて薄切りにし、器に平らに盛る。にんにくはみじん切りにする。

2　フライパンにオリーブオイル、にんにくを弱火で熱し、香りが立ってにんにくが色づくまで炒め、熱いうちにカリフラワーにかける。塩、粗びき黒こしょうをふる。

おいしいPOINT

カリフラワー自体にはあまり味がないので、ガーリックオイルを絡めて食べる。厚く切るとかたいので、薄切りにすると生のコリコリした食感を楽しめる。

76

カリフラワーの
チーズフリッター

2
衣に味をつけて
さっと揚げる

**チーズ味の
衣が美味**

材料 （2人分）

カリフラワー… 150g

A
┌ 小麦粉…大さじ4強
│ パルメザンチーズ
│ …大さじ2
└ 塩・こしょう…各少々

炭酸水…¼カップ強

揚げ油…適量

作り方

1 カリフラワーは小房に分ける。

2 ボウルに**A**を入れ、炭酸水を加えて混ぜて衣を作り、**1**に絡める。170℃に熱した揚げ油でカラッとするまで2分ほど揚げる。

おいしいPOINT

火を通したカリフラワーは、ほくほくとした食感。炭酸水を使った衣は、さくっとした仕上がりに。衣に味がついているので、揚げたてをそのままどうぞ！

材料 （2人分）

カリフラワー… ½株（250g）

しょうが… 1かけ

にんにく… ½かけ

クミンシード・
コリアンダーシード…各少々

カレー粉…小さじ1と½弱

A
┌ 水… ⅓カップ
│ プレーンヨーグルト…大さじ3
│ 顆粒コンソメ…小さじ¼
└ ローリエ… 1枚

塩…小さじ⅕

こしょう…少々

サラダ油…小さじ2

**たっぷりの
スパイスで**

3
香辛料で甘みを
引き立てる

カリフラワーの
カレー煮

作り方

1 カリフラワーは大きめの小房に分ける。しょうが、にんにくはみじん切りにする。

2 鍋にサラダ油を中火で熱し、しょうが、にんにく、クミン、コリアンダーを入れて炒め、香りが立ったらカリフラワー、カレー粉を加えてさっと炒める。**A**を加えて混ぜて蓋をし、煮立ったら弱火にして5〜6分煮る。塩、こしょうを加えて中火にし、汁けを飛ばすように混ぜる。

おいしいPOINT

カリフラワー自体にはあまり味がないので、味や香りの強い調味料を組み合わせるのがおすすめ。2種類の香味野菜とスパイスで、カリフラワーの甘みを引き立てる。

きゅうり

切り方によって食感が変わる。生はもちろん、炒めてもおいしい。

きゅうり

Data

旬	6〜8月
特徴	水分が96%と多く、低温に弱い
味	みずみずしく、シャキシャキとした歯ざわり

ミニきゅうり

Data

旬	7〜8月
特徴	長さが10〜15cmくらいのミニサイズ
味	ほんのりとした甘みがあり、やわらかめ

Good!
緑色が鮮やかでツヤがある

Good!
太さが均一

Good!
トゲがあるもの

トリビア

熟したきゅうりは黄色?
熟すと黄色になるので「黄うり」という説、中国の「胡」地方より伝わったので「胡瓜」と書くなどの説がある。

主な栄養成分

カリウム

ほとんどが水分で、体を冷やす効果も。カリウムが豊富なので、体内の余分な塩分の排出に役立ち、高血圧の改善におすすめ。

保存方法

キッチンペーパー&ポリ袋で野菜室で保存

キッチンペーパーで1本ずつ包み、ポリ袋に入れ、ヘタを上にして野菜室で立てて保存。

78

おいしさを生かす**下ごしらえ**

ヘタは包丁でそぐ

ヘタはかたく、しぶみやえぐみがあるので、包丁で切り落とす。まな板の上において切ってもOK。

たたききゅうりは、たたきすぎないこと

麺棒などで軽くたたいてひびを入れてから、手で食べやすい大きさに割る。強くたたくと粉々になるので注意。

炒め物などにも。

乱切り

細切り 長さを切ってから縦に薄く4等分に切り、細切りに。

小口切り ポテトサラダや酢の物に。食感がよい。

斜め切り

サラダやサンドイッチに。

斜め薄切り 縦半分に切ってから斜め切りに。

せん切り 斜め切りにしてからせん切りに。種だけのところができない。

Memo

- - - - - - - - - - - - - - - - - - - -

最近のきゅうりはアクが少なく、皮がやわらかい

昔のきゅうりは苦いきゅうりが多く、アクを抜く必要もあったが、今はヘタを取るだけでOK。

- - - - - - - - - - - - - - - - - - - -

おいしさを生かす**調理法**

加熱の目安時間

炒めるなら
20〜30秒

きゅうりはピカッと光るところまで炒める

油が回り、きゅうりの余分な水分が抜けてくると、皮がピカッと色よくなるので、炒める目安に。

79

おいしい
食べ方

1

さっと炒めて
シャキシャキ食感に

炒めても
おいしい

きゅうりと豚バラの山椒炒め

材料 （2〜3人分）

きゅうり…2本
豚バラ薄切り肉…100g
- しょうゆ…小さじ½
Ⓐ 塩…小さじ¼
- 粉山椒…少々
ごま油…小さじ1と½

作り方

1 きゅうりは斜め切りにし、豚肉は3cm幅に切る。

2 フライパンにごま油を中火で熱し、豚肉を入れて炒める。火が通ったらきゅうりを加えて20秒ほど炒め、**Ⓐ**を加えて炒め合わせる。

おいしいPOINT

炒めると、シャキッとした食感になり、生とはまた違ったおいしさが味わえる。家庭菜園などで大きく太く成長したきゅうりは、炒め物や煮物に使っても。

たたききゅうりと
明太子のごま油和え

材料 （2〜3人分）

きゅうり…2本
明太子…20g
長ねぎ（みじん切り）…小さじ2
ごま油…小さじ2

作り方

1 きゅうりは麺棒などでたたいてひびを入れ、一口大に割る。

2 明太子は薄皮を取り除き、長ねぎ、ごま油と混ぜ合わせ、1と和える。

2

和えたら
完成

たたいて味を染みやすくする

おいしいPOINT

たたいてひびを入れたところは味が染みやすく、ザクザクした食感もおいしさを引き立てる。明太子の辛みとごま油の風味でお酒のおつまみにも◎。

きゅうりと春雨の
エスニックサラダ

おいしいPOINT

少し青臭いようなきゅうりの風味は、ナンプラーを少し加えることで、さわやかな味に。エスニックな味つけでみずみずしいきゅうりをサラダに。

材料 （2人分）

きゅうり…1本
春雨（乾燥）…20g
赤唐辛子…½本
桜えび（乾燥）…大さじ1
Ⓐ
　┌ レモン汁…大さじ1
　│ 砂糖・オリーブオイル
　│ 　…各小さじ2
　│ ナンプラー…小さじ1
　│ にんにく（すりおろし）
　└ 　…少々

作り方

1 きゅうりは縦半分に切ってから斜め薄切りにする。春雨は熱湯につけて戻し、食べやすい長さに切る。赤唐辛子は輪切りにする。

2 Ⓐを混ぜ合わせ、1、桜えびと和える。

3

きゅうりの風味はエスニックに合う

春雨で
さっぱりと

ゴーヤ

さっとゆでる、油で焼くのがおすすめ。辛みや酸味の調味料でグッとおいしく。

Data

旬	6〜8月
特徴	熟す前の未熟果で表面のイボイボが特徴
味	苦みが強く、みずみずしい

Good! 重さがあるもの

Good! 緑色が濃く、ハリがある

Good! イボが密集している

断面

トリビア

**夏の日除けの
グリーンカーテンに**

苦瓜のことで、沖縄では「ゴーヤー」とも。最近ではグリーンカーテンとしても人気。熱帯アジア原産。

主な栄養成分

ビタミンC、モモルデシン

皮が厚いため、豊富に含まれるビタミンCが熱で壊れにくいという特性も。独特の苦み成分はモモルデシンで食欲増進効果も。

保存方法

**切ったものはラップをして
野菜室で保存**

丸ごとの場合は、新聞紙で包んで冷暗所へ。切ったものは、種とワタを取り除いてラップでぴっちり包み、野菜室で保存。

82

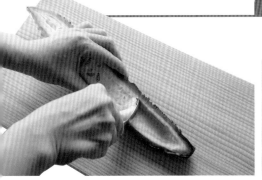

おいしさを生かす下ごしらえ

縦半分に切って種とワタを取り除く

縦半分に切ってからスプーンなどで種とワタを取り除く。

輪切りにして種とワタを取り除く

輪切りにして使うときは、適当な長さに切り、立ててスプーンでくりぬいて種とワタを取り除くとラク。

Memo
- - - - - - - - - - - - - - -
天ぷらならワタごと食べる

ワタが苦いわけではないので、天ぷらにするときは輪切りにしてワタごと食べてもおいしい。
- - - - - - - - - - - - - - -

和え物などにするときは、薄切りにして5秒ほどさっとゆでる。

薄い半月切り

炒め物などで火を通すときは、少し厚めに切る。

厚い半月切り

輪切り

輪切りにするとしっかりした食感を味わえる。切る前に肉などを詰めてから輪切りにすることも。

おいしさを生かす調理法

加熱の目安時間

ゆでるなら **5秒**
焼くなら **20秒**

ゆでるときは5秒ほどさっと火を通す

さっとゆでて流水にとり、水けを絞って和え物などに。苦みが減る。

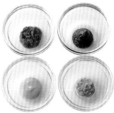

多めの油で焼くと苦みが和らぐ

たっぷりの油で焼くことで、苦みがあまり気にならなくなる。

苦みには辛みや酸味を合わせるのがおいしい

豆板醤やコチュジャン、からしやわさびなど、辛みや酸味の強いものと合わせる。

ゴーヤのオイル焼き甘酢漬け

材料 （4人分）

ゴーヤ…1本
Ⓐ
　赤唐辛子…½本
　酢…大さじ5
　湯（または水）
　　…大さじ3
　砂糖…大さじ2
　塩…小さじ½
オリーブオイル…大さじ2

作り方

1 ゴーヤはヘタを取って4等分の長さに切り、スプーンでワタを取り除き、5〜6mm厚さの輪切りにする。

2 フライパンにオリーブオイルを中火で熱し、**1**を入れて両面を10秒ほどずつ焼き、熱いうちに、混ぜ合わせたⒶに入れて20分ほど漬ける。冷蔵庫で4〜5日保存可。

おいしい
食べ方

1

色鮮やかに焼いて
甘酢に漬ける

彩りも
きれいに！

おいしいPOINT

油で焼くことで緑色が鮮やかになり、苦みも減らせる。焼いてから甘酢に漬けることで味が染みやすくなる。冷蔵庫で保存もできるので多めに作っておいても◎。

84

かにかまとゴーヤの
わさびマヨ和え

材料 （2人分）

ゴーヤ…½本
かに風味かまぼこ…2本
A ┌ マヨネーズ…大さじ1
  └ わさび…小さじ½

作り方

1 ゴーヤはヘタを取って縦半分に切り、スプーンでワタを取り除き、薄い半月切りにする。鍋に湯を沸かし、ゴーヤを入れて5秒ほどゆで、流水にとって水けを絞る。かに風味かまぼこは裂く。

2 Aを混ぜ合わせ、1と和える。

2 さっとゆでて食感を残す

マヨ和えで
食べやすく

おいしいPOINT

さっとゆでたゴーヤは、シャキッとした食感を残しつつ、苦みが軽減され、かにかまの旨みやわさびの辛さと合わせることでさらにおいしく食べられる。

ゴーヤの
ピリ辛みそ炒め

材料 （2人分）

ゴーヤ…½本
にんにく…½かけ
A ┌ 酒…大さじ1
  │ みそ…大さじ½
  │ 砂糖・コチュジャン
  └ …各小さじ1
ごま油…小さじ2

作り方

1 ゴーヤはヘタを取って縦半分に切り、スプーンでワタを取り除き、5～6mm厚さの半月切りにする。にんにくはみじん切りにする。

2 フライパンにごま油を中火で熱し、1を入れて炒め、Aを加えて炒め合わせる。

3 苦みと辛みをバランスよく

歯ごたえを
残して

おいしいPOINT

コチュジャンの辛み、にんにくの風味がゴーヤの苦みと相まってバランスのよい味つけに。みその旨みも加わってごはんが進む。お酒のおつまみにも◎。

しし唐辛子

下ごしらえが簡単ですぐに調理できる！焼く、炒めるなどのシンプル調理がおいしい。

万願寺唐辛子

Data

旬	6〜8月
特徴	甘唐辛子の仲間で肉厚で大きめ
味	辛みがなく、ほんのりとした甘みがある

主な栄養成分

β-カロテン、ビタミンC、ビタミンP

老化防止に効果的なβ-カロテン、美肌や風邪予防に効果的なビタミンCが豊富。ビタミンPも含まれ、動脈硬化を防ぐ働きも。

Good!
鮮やかな黄緑〜緑色のもの

しし唐辛子

Data

旬	7〜8月
特徴	甘唐辛子の仲間で実が薄くて小さい
味	辛みがなく、ほろ苦い風味たまに辛いものも

Good!
ハリとツヤがあり、弾力がある

Good!
軸の切り口が変色していない

トリビア
実の先端が獅子の頭の形状をしている？
ピーマンや唐辛子の仲間。実の先端が獅子の頭の形状をしていることが名前の由来とも。

保存方法
長期保存するなら冷凍を
キッチンペーパーで包み、ポリ袋に入れて野菜室で保存。冷凍用保存袋で冷凍すれば、1ヶ月程度保存可。

Memo

万願寺唐辛子の
下ごしらえは？

しし唐辛子と同じ。種が気にな
る場合は、ピーマンのようにヘ
タと種を取り除いてから切って
も。

**ヘタの先を落とすだ
けで下ごしらえは終了!**

下ごしらえは、ヘタの先の茎
の部分を少し切り落とすくら
い。ガクも小さいのでそのま
まで、種ごと食べる。

素揚げや天ぷらに
するときは
**竹串で表面を
数箇所刺す**

揚げるときに油の中でパンと
弾けないように、竹串で何箇
所か刺して穴をあけておく。

おいしさを生かす調理法

加熱の目安時間

焼くなら	3〜4分
煮るなら	5分
炒めるなら	1〜2分

**焼きたてを
お浸しにするのも
おすすめ**

焼きたてを熱いうちにだしにつけ
る。すぐに食べられるが、たくさ
ん作って作りおきにしても。

**グリルで焼き色を
つけるだけでおいしい**

皮も薄く、グリルで焼いただけで
火が通るので、そのまま食べられ
る。

Memo

**さっと煮、さっと炒めも
おすすめの食べ方**

すぐ火が通るので、調理しやす
い野菜。煮汁でさっと煮たり、
炒めたり、時間がかからないの
がうれしい。

1 さっと煮て煮汁の旨みを移す

しし唐辛子と牛肉の炒め煮

材料　(2〜3人分)

しし唐辛子… 100g
牛切り落とし肉… 100g

A
- 水… ¼カップ
- 酒… 大さじ1
- しょうゆ… 小さじ2
- 砂糖… 小さじ½

ごま油… 小さじ2

作り方

1 しし唐辛子はヘタの先を切り落とす。牛肉は食べやすい大きさに切る。

2 フライパンにごま油を中火で熱し、1を入れてさっと炒め、全体に油が回ったら、Aを加えて混ぜる。蓋をして弱火で煮立たせ、5分ほど煮たら蓋を取って中火にし、煮汁を絡めるように混ぜる。

牛肉で
こっくりと

おいしいPOINT

油で炒めてから煮汁に入れ、牛肉の旨みたっぷりの汁を含ませる。しし唐辛子の皮は薄いので、すぐに味が染みておいしい。

しし唐辛子の焼き浸し

材料 (2人分)

しし唐辛子…100g
A ┌ だし汁…¼カップ
  │ しょうゆ・みりん
  │   …各小さじ1
  └ 塩…少々
かつお節…適量

作り方

1 しし唐辛子はヘタの先を切り落とし、魚焼きグリルで3〜4分焼く。熱いうちに混ぜ合わせた A に入れて10〜15分浸す。

2 器に盛り、かつお節をかける。

定番の
焼き浸し

2
焼いたら熱いうちに浸す

おいしい*POINT*

少し焼き色がつくらいに焼いたら、熱いうちにだし汁につける。万願寺唐辛子を使う場合は、焼いてから切ってつける。

しし唐辛子の山椒炒め

材料 (2人分)

しし唐辛子…100g
A ┌ パルメザンチーズ
  │   …小さじ1
  └ 塩・粉山椒…各少々
サラダ油…小さじ2

作り方

1 しし唐辛子はヘタの先を切り落とし、縦半分に切る。

2 フライパンにサラダ油を中火で熱し、1を入れて炒め、A を加えて炒め合わせる。

3
切って炒めると味が染みて◎

チーズが意外と合う

おいしい*POINT*

半分に切る切り方が新鮮。半分に切っても種は取らずにおいしく食べられる。パルメザンチーズと山椒の意外な組み合わせがおいしい。

ズッキーニ（グリーン、イエロー）

Data

旬	5〜9月
特徴	かぼちゃの仲間で皮ごと食べられる
味	クセがなく、あっさりとしてみずみずしい

ズッキーニ

Good!

ヘタの切り口が
きれい

Good!

太さが均一で
ツヤがある

焼いて食べるのが一番おいしい。生で食べるときは薄くスライスを。

トリビア

**イタリア語で「小さな
かぼちゃ」という意味**

現在の細長い品種が誕生した
イタリアで、かぼちゃを意味
する zucca に小さいを意味
する言葉がついた。

主な栄養成分

カリウム、ビタミンC

塩分の排出を促すカリウムが豊富なので、外食
の多い人に。ビタミンCも豊富なので、免疫
力を高め、生活習慣病の予防にも。

保存
方法

新聞紙＆ポリ袋で野菜室で保存

新聞紙で包み、ポリ袋に入れて野菜室で
保存。

Memo

**丸いものや
花を食べるものがある**

直径が5〜10cmくらいの球形
の丸ズッキーニや花の部分を食
べる花ズッキーニがある。

サラダにするなら、
ピーラーで薄切りにして
水にさらす

生で食べるなら薄切りがおすすめ。
ピーラーを使って簡単に。水で洗
う程度にさっと水にさらす。

輪切り

フリットや焼く、
炒めるなど何にでも。

半月切り

スティック状

さっとゆでてたり、炒め物に。

拍子木切り

炒め物向き。

油で揚げたり、油を
たっぷり使って焼い
たりするのに◎。

おいしさを生かす**調理法**

ゆでるならさっとゆでる

ゆでるときは薄切りにしてさっと
ゆで、食感を残す。

Memo

**揚げ物、炒め物、
煮込み料理もおいしい**

生で食べるとみずみずしいが、
あまり味を感じないという場合
は、火を通したり、油を使った
料理に。

油を吸わせるように
こんがりと焼く

大きめに切って油で焼いてしっか
り火を通すと、ジューシーな仕上
がりに。しょうゆをかけただけで
もおいしい。

加熱の目安時間

ゆでるなら **30秒**
焼くなら **1〜2分**
煮るなら 薄切り**5分**

ひらひらズッキーニサラダ

おいしい食べ方

1

サラダにするときはピーラーで薄く切る

材料　（2～3人分）

ズッキーニ…小1本（160g）
ゆで卵…1個
ミニトマト…2個
Ⓐ
- オリーブオイル…大さじ1
- 玉ねぎ（みじん切り）…小さじ2
- レモン汁…小さじ2
- 粒マスタード…小さじ1
- 塩…小さじ⅓

作り方

1 ズッキーニはヘタを取り、ピーラーで縦に薄く切って長さを半分に切る。さっと洗って水けをきり、器に盛る。

2 ゆで卵、ミニトマトは粗みじん切りにし、Ⓐと混ぜ合わせ、**1**にかける。

見た目も華やかに！

おいしいPOINT

ピーラーで薄く切って水でさっと洗い、水けをしっかりきる。ドレッシング、みじん切りにした具と和えて食べる。水が出るので、食べる直前に和えて。

スティックズッキーニの にんにくマヨ焼き

材料 （2人分）

ズッキーニ…小1本（160g）
にんにく…½かけ
Ⓐ マヨネーズ…大さじ1
　塩…小さじ¼
こしょう…少々

作り方

1 ズッキーニはヘタを取り、半分の長さに切ってから縦に4～6等分に切る。にんにくはみじん切りにする。

2 フライパンににんにく、Ⓐを入れて中火で熱し、マヨネーズが溶けてきたらズッキーニを入れて焼き、こしょうをふる。

油との 相性抜群！

おいしいPOINT

油との相性がよいズッキーニ。炒め油の代わりにマヨネーズを使って焼くと、コクが出ておいしい。しっかり火を通せば、外はカリッと、中はジューシーな仕上がりに。

ズッキーニの おろし和え

ポン酢で さっぱりと

材料 （2人分）

ズッキーニ…小1本（160g）
大根…150g
ポン酢しょうゆ…大さじ1弱
サラダ油…小さじ2

作り方

1 ズッキーニはヘタを取って5～6mm厚さの輪切りにする。大根はすりおろして水けをきる。

2 フライパンにサラダ油を中火で熱し、ズッキーニを入れて両面を焼き色がつくまで焼く。大根おろしと混ぜ合わせて器に盛り、ポン酢しょうゆをかける。

おいしいPOINT

両面に軽く焼き色がつくまで焼いた香ばしいズッキーニを、大根おろしとポン酢しょうゆでさっぱりといただく。ズッキーニの甘みが感じられる和え物。

セロリ

大きく切って煮るとジューシーに。生で食べるなら薄めに切るのがおいしい！

Good!
葉がきれいな緑色

Good!
筋がくっきりしている

Good!
茎は白くて肉厚

Data
旬	3〜4月
特徴	香りが強く、茎が肉厚
味	シャキシャキの歯ごたえとさわやかな香り

主な栄養成分

(茎) セダノリット、セネリン
(葉) β-カロテン、ビタミンC

独特の香り成分セダノリット、セネリンには、精神安定の効果が。葉には、β-カロテンやビタミンCが豊富なので油で調理がおすすめ。

保存方法

キッチンペーパー&ラップで冷蔵保存

葉と茎は切り分け、それぞれキッチンペーパーで包み、ラップでぴっちり包んで冷蔵室で立てて保存。

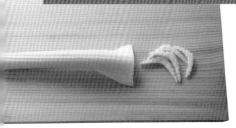

場所によって切り方を変える

場所によって繊維の太さが違うので切り方を変えるとおいしく食べられる。生食や炒め物には薄切りがおいしい。

根元のかたいところは横に切る

根元に近いところは繊維も太く、筋っぽいので、横に切って繊維を断ち切る。

葉の部分をポキンと折って引っ張ると筋が取れる

セロリの筋は、茎と葉の境目の節のところでパキッと折り、そのまま下に引っ張るとすーっと取れる。

大きめのぶつ切り

煮込みに最適、とろとろの食感に。繊維が気になる場合は、少し取っても。

スティック状

生食におすすめ。長めに切ってディップソースにつけても。

斜め薄切り

生食にも炒め物にも適した切り方。繊維が断ち切れる。

細切り

きんぴらなど、さっと炒めるときに。

葉はざく切り

ざくざく切ってトッピングにしたり、炒め物の最後に加えても。

Memo

小さく切って煮るとかたくなりやすい

小さく切って煮ると、かたくなりやすいので、大きく切ってセロリのみずみずしさを味わう。

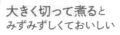

加熱の目安時間

電子レンジなら100gあたり
さっと **1分**　しっかり **1分40秒**
煮るなら **10〜15分**
炒めるなら **1〜2分**

レンジ加熱でさっと火を通すと水っぽくならない

1分ほど加熱して透き通るくらいの感じに。水っぽくならず、その後に炒めてもおいしい。

大きく切って煮るとみずみずしくておいしい

大きく切って弱火でゆっくり加熱すると、とろとろの食感になり、生とはまた違った甘いおいしさになる。

セロリのコンソメバター煮

材料 （2〜3人分）

セロリ…2本（200g）

A [
水…1カップ
バター…10g
顆粒コンソメ…小さじ1
こしょう…少々
]

作り方

1 セロリは筋、葉を取って4〜5cm長さに切り、太い部分は縦に2〜3等分に切る。

2 鍋に**1**、**A**を入れ、蓋をして中火にかけ、煮立ったら弱火でセロリがやわらかくなるまで10分ほど煮る。

おいしい食べ方

1

とろとろに煮て
セロリの甘みを味わう

とろとろ
甘い！

おいしいPOINT

火を通したセロリの香りや甘みは、生のさわやかな風味とは違うおいしさ。バターのコクとコンソメの旨みでいくらでも食べられる。

セロリの炒めなます

2 甘酢でさっと炒め合わせる

材料 （2人分）

セロリ… 1本(100g)
油揚げ… ½枚
Ⓐ ┌ 酢… 大さじ1
　│ 砂糖… 大さじ½
　└ 塩… 小さじ⅕
ごま油… 小さじ1と½

作り方

1 セロリは筋、葉を取って細切りにし、油揚げも細切りにする。

2 フライパンにごま油を中火で熱し、1を入れて炒め、Ⓐを加えて炒め合わせる。

甘酢で
さっぱりと

おいしいPOINT

油揚げの旨みとごま油の香ばしさがセロリの香りを引き立てる。甘酢でさっと炒めて、なます風に仕上げたセロリの和風炒め物。

セロリの洋風白和え

3 レンジで加熱して和える

材料 （2人分）

セロリ… 1本(100g)
絹豆腐… 100g
Ⓐ ┌ マヨネーズ… 小さじ2
　│ 練りからし… 小さじ⅛
　└ 塩… 少々

作り方

1 セロリは筋、葉を取って斜め薄切りにし、ラップに平らに包んで電子レンジで1分加熱し、冷ます。

2 豆腐はキッチンペーパーに包んで水きりし、つぶしてⒶを混ぜ合わせ、1と和える。

洋風の
簡単和え物

おいしいPOINT

塩もみ代わりにさっとレンジで加熱すると、余分な水分が抜け、かつ、水っぽくならないので、そのまま和え物に使える。冷ましてから使って。

冬瓜

煮るのはもちろん、塩もみして生で食べてもおいしい。

Data

旬	7〜9月
特徴	かたい皮で覆われた約95％が水分の夏野菜
味	淡白であっさりとした味

主な栄養成分

カリウム、ビタミンC

約95％以上が水分で、体の熱を冷ます働きを持つ。カリウムやビタミンCを含むので血圧の改善や美肌効果も期待できる。

Good!

ずっしりと重みがある

トリビア

旬は夏でも冬まで保存できる？

旬は夏だが、冬まで保存できるので冬瓜と呼ばれるという説が有力。最近は食べきりサイズのミニ冬瓜も流通。

Good!

表面に粉がふいている

断面

果肉が白くてみずみずしいものを！

切ったものはラップをして野菜室で保存　**保存方法**

丸ごとの場合は、新聞紙で包んで冷暗所または野菜室で保存。切ったものは、種とワタを取ってキッチンペーパーで包み、ラップでぴっちり包んで野菜室へ。

おいしさを生かす下ごしらえ

種とワタは
スプーンでくり抜く

皮をむいてから、スプーンで種とワタを取り除く。まな板の上においてやるとやりやすい。

皮をむくなら
ピーラーを使うのがラク

包丁よりピーラーを使った方が安全。むく方向は縦でも横でもOK。皮は薄くてもかたいので必ずむくこと。

Memo

薄いいちょう切りは塩もみしてサラダに

しんなりさせて食べるのがおすすめ。火を通したものとは違ったシャクッとした歯ごたえに。

薄いいちょう切り

生で食べるときにおすすめの切り方。塩もみして食べる。

角切りよりは早く火が通るが、炒めてから少し煮るとよい。

厚めのいちょう切り

火が通るのに時間がかかるので、弱火でゆっくり煮込むときに。

角切り

おいしさを生かす調理法

ゆっくりと煮ることで
煮汁が染み込む

冬瓜の煮物は、とろとろの食感になるように弱火でじっくり火を通し、煮汁を染み込ませて仕上げる。

あっさりとした冬瓜は
脂の多い肉と一緒に炒める

冬瓜自体にはあまり味がなく、淡白なので、肉などと組み合わせると、旨みを吸っておいしくなる。

加熱の目安時間

煮るなら **10〜15分**
炒め煮なら **7〜8分**

1

とろとろ冬瓜に
あんかけを絡める

やわらかく
煮込んで

冬瓜のえびあんかけ煮

材料 (2人分)

冬瓜…200g（正味）
えび…100g
- だし汁…¾カップ
- 酒…大さじ1
Ⓐ みりん…小さじ2
- 塩…小さじ⅓

水溶き片栗粉
　…片栗粉小さじ2
　＋水大さじ2

作り方

1 冬瓜は一口大に切る。えびは殻、背ワタを取り、細かく刻む。

2 鍋に冬瓜、Ⓐを入れて中火にかけ、煮立ったら蓋をして弱火で10分ほど煮る。えびを加えてほぐし、煮立ったら水溶き片栗粉を加えてとろみをつけ、ひと煮立ちさせる。

おいしいPOINT

冬瓜の定番あんかけ煮。えびはかたくならないように、冬瓜に火が通ってから入れ、さっと煮て旨みを出す。あんを絡めてあつあつををどうぞ！

冬瓜の中華風
甘酢サラダ

おいしいPOINT

煮物のイメージが強い冬瓜だが、実はいろいろ
な食べ方で楽しみたい野菜。薄く切って塩もみ
すると、少ししんなりして甘酢もよく絡む。サ
ラダとして新しい食べ方を試してみても。

材料　（2人分）

生の食感を
楽しんで

冬瓜…150g（正味）
塩…小さじ¼
しょうが…薄切り2枚
赤唐辛子…½本
Ⓐ ┌ 酢…大さじ1
　├ 砂糖…大さじ½
　├ ごま油…小さじ1
　└ 粉山椒…少々

2 塩もみして生で食べる

作り方

1 冬瓜は薄いいちょう切り
にし、塩をふって5分ほ
どおき、水けを絞る。

2 しょうがはせん切り、赤
唐辛子は輪切りにして
Ⓐと混ぜ合わせ、1と和
える。

材料　（2人分）

炒め煮にも
ぴったり

冬瓜…200g（正味）
豚切り落とし肉…100g
Ⓐ ┌ 水…⅔カップ
　├ 酒…大さじ2
　├ しょうゆ…小さじ2
　├ 砂糖…小さじ½
　└ 鶏がらスープの素…小さじ½
こしょう…少々
ごま油…小さじ2

3 炒め煮で肉の旨みを煮含める

冬瓜と豚肉の
炒め煮

作り方

1 冬瓜は厚めのいちょう切りにし、
豚肉は食べやすい大きさに切る。

2 フライパンにごま油を中火で熱し、
豚肉を入れて炒め、冬瓜を加えて
さらに炒める。Ⓐを加え、煮立っ
たら蓋をして弱火で7〜8分煮る
（途中で一度混ぜる）。蓋を取って
中火にし、混ぜながら煮詰め、こ
しょうを加えて混ぜ合わせる。

おいしいPOINT

厚めのいちょう切りにすると、角切りとも薄い
いちょう切りとも違う食感に。少し炒めてから
煮ることで、油のなじみがよく、味も染み込む。
煮物と炒め物のいいとこどり。

とうもろこし

ゆでるならレンジ加熱がおすすめ。芯はスープなどのだしに。

Data	
旬	6〜9月
特徴	皮で包まれた中に実が並んでいる
味	プチッとした食感でジューシー＆甘みが強い

Good!
緑の皮がついたもの

Good!
ヒゲが多くついている

Good!
実の大きさが揃っている

Good!
実がぎっしり詰まっている

トリビア

世界三大穀物の1つって知ってる？

米、小麦とともに世界三大穀物の1つで、家畜の飼料にも。唐（中国）から来た、もろこしに似た植物が名前の由来。

断面

真空パックも保存がきいて便利！

主な栄養成分

糖質、ビタミンB群

糖質を多く含むうえ、ビタミンB群も豊富なので、糖質の代謝をスムーズにしてエネルギー代謝アップにつながり、疲労回復に。

保存方法

すぐにゆで、ラップで包んで冷蔵保存

買ったらすぐにゆでて粗熱をとり、ラップで包んで冷蔵室で保存。

買ってきたら
すぐに皮をむいて火を通す

生のとうもろこしは味が落ちやすいので、買ってきたら、すぐに皮をむいて加熱するとよい。

包丁を使って実を外す

まな板の上におき、実と芯の間に包丁を入れてそいでいく。実をつぶさないように少しずつ包丁を動かす。

Memo
- -

芯がいいだしになるから
炊き込みごはんにもおすすめ

とうもろこしの芯からはだしが出るので、芯ごとスープに入れるなど、実をそいだ後の芯を捨てずに使う。
- -

ひげは
手でむしり取る

先のほうから取るととりやすいが、完全に取れなくても大丈夫。

Memo
- - - - - - - - - - - - - -

ひげは甘くておいしい

実から伸びているひげの正体はめしべ。新鮮なうちはつやつやしていて甘みもあるので食べても OK。
- - - - - - - - - - - - - -

芯ごと切り分ける

芯がかたいときは、電子レンジで少し加熱してから切ると、切りやすくなる。

ゆでるなら断然
レンジ加熱がおすすめ

切らずに1本そのまま加熱できるので、ゆでるより電子レンジ加熱がおすすめ。水溶性の栄養もキープできる。

加熱の目安時間

電子レンジなら
1本あたり**3〜4分**
煮るなら　　　**10分**

芯と一緒に煮ると
いいだしが出ておいしい

芯ごとぶつ切りにしてスープに入れる。芯からおいしいだしが出るので、だしの素要らず。

おいしい
食べ方

1

焼くのが一番おいしい食べ方

夏を感じる
一品

とうもろこしのマヨしょうゆ焼き

材料 （2人分）

とうもろこし…2本
A「マヨネーズ…大さじ1
　　しょうゆ…小さじ1
七味唐辛子…少々
サラダ油…小さじ½

作り方

1 とうもろこしは皮をむいてさっと洗い、水がついたまま1本ずつラップに包む。電子レンジで1本ずつ4分加熱する。

2 フライパンにサラダ油を中火で熱し、**1**を入れて転がしながら焼く。混ぜ合わせた**A**を加えて絡め、七味唐辛子をふる。

おいしいPOINT

焼いただけでも十分甘いとうもろこしに、マヨネーズのコクとしょうゆの旨みをプラスした最高においしい食べ方。七味唐辛子がよく合う！

104

甘みが
たまらない

2 とうもろこしの チーズガレット

混ぜて焼くだけ つぶつぶ感を味わう

材料 （2人分）

とうもろこし
…100g（実をそいだもの）

- **A** ┌ ピザ用チーズ…30g
  └ 小麦粉…大さじ3
- **B** ┌ 牛乳…大さじ2
  └ 塩・こしょう…各少々

サラダ油…小さじ2

作り方

1. ボウルにとうもろこし、**A** を入れて混ぜ、**B** を加えて さらに混ぜ合わせる。

2. フライパンにサラダ油を熱 し、**1** を6等分に分けて入れ、 丸く平らにならす。弱火〜 中火で片面を3分ほど焼い てひっくり返し、さらに3 分ほど焼く。

おいしいPOINT

とうもろこしの甘みをストレートに味 わえる。チーズと牛乳を加えて旨みを プラス。おいしすぎて、もう1枚！ と 箸が止まらない一品に。

とうもろこしと 豚肉の塩スープ

おいしいPOINT

芯の部分を取り除かず、一緒に煮込ん でだし代わりにしたスープ。芯の香ば しい風味がなんともいえないおいしさ。 調味料は最小限にしてとうもろこしの 甘みを味わって。

だしなしで
おいしい！

3 とうもろこしの芯で だしをとる

材料 （2人分）

とうもろこし…½本
豚ロース薄切り肉…50g

- **A** ┌ 水…2カップ
  └ 酒…小さじ2

塩…小さじ¼
こしょう…少々

作り方

1. とうもろこしは皮をむいて さっと洗い、水がついたま まラップに包む。電子レン ジで1分30秒加熱し、2〜3㎝ 長さに切ってから縦4等分に切 る。豚肉は一口大に切る。

2. 鍋に**1**、**A** を入れて中火にかけ、 煮立ったら蓋をして弱火で10 分ほど煮る。塩、こしょうで味 をととのえる。

トマト

主な栄養成分

リコピン、ビタミンC、カリウム

赤い色素のリコピンは強力な抗酸化作用を持ち、がんや老化予防に。ビタミンCやカリウムも豊富で、風邪予防や高血圧の改善にも。

Data

旬	6〜9月
特徴	真っ赤な果実の代表的な夏野菜。皮がやわらかいのが特徴
味	酸味がある。品種によって甘み、酸味が変わる

焼くだけで旨みがグッと引き立つ！甘いトマトはそのまま食べるのが一番。

トリビア

トマトはなすとじゃがいもの仲間

原産は南米のアンデスといわれ、なすやじゃがいもと同じなす科の植物。世界で最も生産されている野菜の1つ。

Good!
全体に丸みがあり、ずっしり重い

Good!
ヘタの緑色が濃く、ピンとしている

Good!
皮に色ムラがなく、ツヤがある

断面

ミニトマト

Data

旬	6〜10月
特徴	2.5cm未満の小さいサイズで皮がかたい
味	味が濃く、旨みと甘みが強い

保存方法

キッチンペーパー＆ポリ袋で野菜室で保存

1個ずつキッチンペーパーで包み、ヘタを下にしてポリ袋に入れ、野菜室で保存。ミニトマトはヘタを取って洗い、水けを拭き取ってキッチンペーパーをしいた保存容器に入れて冷蔵室へ。

丸ごと煮るときは
十字に切り込みを入れる

トマトを切らずに丸ごと煮るときは、十字にしっかり切り込みを入れると、火の通りがよくなる。

輪切り

トマトステーキにするときやハンバーグにのせるときに。

乱切り

くし形切り

大きいトマトを一口大にしたいとき。種の部分が取れにくい切り方。

サラダなどに。半分に切ってから4等分に切るか、放射状に切る。

皮をむくなら焼くのが簡単

湯むきより簡単な方法。キッチンばさみを刺してガスの直火でぐるりと全体を焼き、水にとる。

↓

水にさらして
弾けたところから皮をむく

ガスの直火で焼いたら、流水にとり、めくれたところからむいていく。

おいしさを生かす**調理法**

ミニトマトなら
ヘタをとって
そのまま炒めるだけ

そのまま炒めると皮が弾ける。焼いたほうが旨みがグッと引き立つ。

Memo

- - - - - - - - - - - - - -
トマトは早めに食べるのが一番
- - - - - - - - - - - - - -

旨み成分が強いトマトは早めに食べるのが一番。冷蔵庫にそのまま入れるとハリがなくなるので保存方法を参考に。

輪切りにして焼くだけで
旨みがグッとアップ

油を使ってトマトを加熱することで、リコピンが吸収しやすくなったり、甘みが引き立つ。

加熱の目安時間

焼くなら片面 **1分**
炒めるなら **2分**

トマトステーキ

材料 （2人分）

トマト…大1個（200g）
ウスターソース…小さじ2
バター…10g

作り方

1 トマトはヘタをくり抜き、4等分の輪切りにする。

2 フライパンにバターを中火で熱し、**1**を入れて両面を焼き、ウスターソースを加えて絡める。

おいしい
食べ方

1

焼いてソースを絡めるだけ

シンプルで
おいしい！

おいしいPOINT

しっかり火を通して、ソースを絡め、メイラード反応で旨みをアップ。大きいトマトを使ってボリュームのある満足の一品に。トマトをシンプルに味わう究極のレシピ。

ミニトマトの青じそ炒め

材料　（2人分）

ミニトマト…10個
青じそ…4枚
しょうゆ…小さじ1
オリーブオイル…小さじ1

作り方

1 ミニトマトはヘタを取り除く。青じそは小さくちぎる。

2 フライパンにオリーブオイルを中火で熱し、ミニトマトを入れて皮が弾けるまで炒め、青じそ、しょうゆを加えて炒め合わせる。

2 皮が弾けるまで炒める

青じそがさわやか

おいしいPOINT

定番のトマトと青じその組み合わせも、炒めることでさらに旨みがアップ。しょうゆのコクが絡み、前菜にも箸休めにもおすすめの一品。すぐできるのもうれしい。

トマトのレンジだし煮

レンチンで簡単！

材料　（2人分）

トマト…小2個（200g）
A ┌ だし汁…1カップ
　│ しょうゆ…小さじ1と½
　│ みりん…小さじ1
　└ 塩…少々

作り方

1 トマトはヘタをくり抜き、反対側に十字に切り込みを入れる。

2 耐熱の器（小さめで深いもの）に**A**を入れて混ぜ、**1**を入れる。ラップをかけて電子レンジで5分加熱し、そのまま10分ほどおいて余熱で味を含ませる。

3 レンチンしてだしを含ませる

おいしいPOINT

トマトは1個ずつ耐熱の器に入れる。鍋を使わず、レンチンだけで、だし煮が作れる。トマトの旨み成分グルタミン酸とだし汁の旨みの相乗効果で、しみじみおいしい。

なす

油との相性が抜群なので揚げ物や炒め物に。味を含ませる煮物にも◎。

主な栄養成分

ナスニン、カリウム

皮の紫色の色素にはナスニンが含まれ、目の疲労回復や体内の活性酸素の除去に効果的。豊富なカリウムで高血圧対策にも有効。

トリビア

東日本では「なす」
西日本では「なすび」が多い

「奈須比」と呼ばれていたものを、縁起物として「成す」の字を当てたなど、名前の由来には諸説あり。

長なす

Data
旬	6〜9月
特徴	長さが20〜25㎝くらいで果肉がやわらかい
味	苦みやクセがない。加熱するととろりとした食感に

Good!
ヘタにトゲがある

米なす

Data
旬	6〜9月
特徴	サイズが大きく、ヘタが緑色 果肉がしまっていて煮崩れしにくい
味	果肉がしっかりしていて加熱するととろとろの食感

Good!
濃い紫色でハリとツヤがある

中長なす

Data
旬	6〜9月
特徴	長さが12〜15㎝で皮も果肉も適度にやわらかい
味	果肉がやわらかく、コクのある甘み

保存方法

キッチンペーパー＆ポリ袋で野菜室で保存

1本ずつキッチンペーパーで包み、ポリ袋に入れて野菜室で立てて保存。

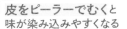

おいしさを生かす下ごしらえ

皮をピーラーでむくと味が染み込みやすくなる

皮を全部むく場合と縞々にところどころむく場合があるが、どちらも味が染みやすくなる。

ヘタとガクを取り除く

ヘタを切り落とせばガクは手で取れる。新鮮なものはガクのトゲに注意。

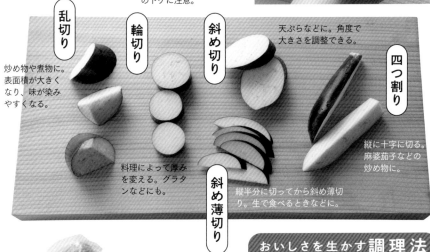

乱切り
炒め物や煮物に。表面積が大きくなり、味が染みやすくなる。

輪切り
料理によって厚みを変える。グラタンなどにも。

斜め切り
天ぷらなどに。角度で大きさを調整できる。

四つ割り
縦に十字に切る。麻婆茄子などの炒め物に。

斜め薄切り
縦半分に切ってから斜め薄切り。生で食べるときなどに。

おいしさを生かす調理法

ラップで包んでレンジ加熱がおいしい

皮をむいてさっと水にくぐらせ、ラップで包んでレンジで加熱。粗熱をとってから裂いたり、切ったりする。

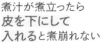

Memo

生のまま塩でもんで食べるのもおいしい

薄切りにして塩でもみ、少しおいたら水けを絞る。そのままでも、しょうゆや七味唐辛子をふっても。

果肉がスポンジ状だから油をたっぷり吸わせて

油との相性が抜群。スポンジ状の果肉に油が染み込みやすい。天ぷらにすると、ジューシーでおいしい。

加熱の目安時間

電子レンジなら1本あたり **1分30秒**
煮るなら **8〜10分** 揚げるなら **2分**

煮汁が煮立ったら皮を下にして入れると煮崩れない

切り口を下にして入れると果肉が煮崩れる。皮を下にして入れることで、皮の色もきれいに仕上がる。

おいしい
食べ方

1

切り込みを入れて味を含ませる

なす料理の
超定番！

なすの田舎煮

材料 （2人分）

なす…3本

A
┌ だし汁…¾カップ
│ 酒…大さじ1
│ しょうゆ…小さじ2
└ 砂糖…小さじ1

作り方

1 なすはヘタとガクを取り除いて縦半分に切り、皮に斜めに切り込みを入れてから斜め半分に切る。さっと水にさらし、水けをきる。

2 鍋に A を入れて中火にかけ、煮立ったら1を皮を下にして入れる。再び煮立ったら蓋をして弱火で4〜5分煮て上下を返し、さらに4〜5分煮る。

おいしいPOINT

スポンジ状の果肉には、油同様、だしも染み込みやすい。皮に切り込みを入れると切り口だけでなく、全体に味が染み込んでおいしく仕上がる。

なすのカレーフリッター

材料 （2人分）

なす…2本
しょうが…½かけ
にんにく…¼かけ
- 小麦粉…⅓カップ
- **Ⓐ** カレー粉…小さじ1弱
- 塩…小さじ¼
炭酸水…⅓カップ
揚げ油…適量

カレー粉が
隠し味

2 油との相性がいいなすを揚げる

作り方

1 なすはヘタとガクを取り除き、1cm厚さの斜め切りにする。しょうが、にんにくはすりおろし、なすと混ぜ合わせる。

2 ボウルに**Ⓐ**を入れ、炭酸水を加えて混ぜて衣を作り、**1**に絡める。170℃に熱した揚げ油でカラッとするまで2分ほど揚げる。

> おいしいPOINT
>
> しょうが、にんにくの香味野菜にカレー粉も加えたフリッター。炭酸水を使うとカリッとした食感に仕上がり、いくらでも食べたくなる。揚げたてはやけどに注意して食べて。

レンジなすのはちみつレモンマリネ

> おいしいPOINT
>
> 1本ずつラップで包んだら、3本まとめて電子レンジに入れ、3分30秒加熱。加熱直後は熱いので気をつけて。粗熱がとれたら、熱いうちに調味料と和えると味がなじみやすい。

材料 （2人分）

なす…3本
レモン…輪切り2枚
- レモン汁…大さじ1
- はちみつ…大さじ½
- **Ⓐ** オリーブオイル
- …小さじ1
- 塩…少々

3 レンチンしてあとは和えるだけ

作り方

1 なすはヘタとガクを取り除き、ピーラーで皮をむいてさっと水に通し、1本ずつラップに包んで電子レンジで3分30秒加熱する。ラップに包んだまま粗熱をとり、2cm幅に切る。レモンは半月切りにする。

2 **Ⓐ**を混ぜ合わせ、**1**と和え、10分ほどおいて味をなじませる。

レモンで
さっぱりと

パプリカ・ピーマン

丸ごと焼いて蒸し焼き状態に。甘みが引き立ち、ジューシーに。

パプリカ（赤・黄・オレンジ）

Data
旬　　　6〜8月
特徴　　100g以上で大型の肉厚ピーマン。
　　　　色はカラフル
味　　　甘くて水分が多いのでジューシー

主な栄養成分
ビタミンC、E、β-カロテン
ビタミンCの含有量はトップクラス。β-カロテン、ビタミンEも豊富なのでアンチエイジング、免疫力アップを期待できる。

Good!
果肉の表面にハリとツヤがある

Good!
ヘタがピンとしている

ピーマン（緑）

Data
旬　　　6〜8月
特徴　　唐辛子の仲間で辛みがない未成熟の果肉
味　　　青臭さと苦みがある

カラーピーマン（赤・黄・オレンジ）

Data
旬　　　6〜8月
特徴　　ピーマンが熟して色づいたもの。赤、黄、オレンジなどがある
味　　　緑ピーマンに比べてやわらかく、甘みがある

Good!
色ムラがない

トリビア
唐辛子を品種改良して辛みをなくしたもの
フランス語で「唐辛子」を意味するpiment（ピマン）が名前の由来。英語ではgreen pepper。

保存方法
キッチンペーパー＆ポリ袋で野菜室で保存
丸ごとの場合は、キッチンペーパーで包み、ポリ袋に入れて野菜室で保存。切ったものは、種とワタを取り除いてラップでぴっちり包み、冷蔵室で保存。

おいしさを生かす下ごしらえ

**ピーマンのヘタを上から下に押して
ヘタと種を取り除く**

半分に切って指で上から押してヘタを取ると
種も一緒に取れる。白いワタの部分が気にな
る場合は手で取る。

**パプリカのヘタと種とワタは
包丁で切り取るのが正解**

パプリカはヘタも果肉もしっかりしてかたく、
手では取りにくいので、包丁で切り取る。

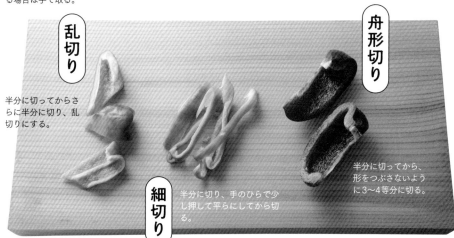

乱切り

半分に切ってからさ
らに半分に切り、乱
切りにする。

舟形切り

半分に切ってから、
形をつぶさないよう
に3～4等分に切る。

細切り

半分に切り、手のひらで少
し押して平らにしてから切
る。

おいしさを生かす調理法

加熱の目安時間

焼くなら **5～6分**
炒めるなら **2分**

**ピーマン、パプリカは
丸ごとグリルで焦げ目がつく
まで焼くと甘みが凝縮する**

ピーマンは焼いて種ごと食べられる。パプリ
カの皮をむくときは皮が真っ黒になるまで焼
いて皮をむく。

丸ごと焼いて
種ごと食べる

丸ごとの
おいしさ!

焼きピーマンのえびじょうゆかけ

材料（2人分）

ピーマン… 4個
長ねぎ… 3㎝
桜えび（乾燥）… 大さじ1
A［ しょうゆ・ごま油
　 …各小さじ1
　 酢…小さじ½ ］

作り方

1 ピーマンは丸ごと魚焼きグリル
で5〜6分焼き、食べやすい大
きさに裂いて器に盛る。

2 長ねぎはみじん切り、桜えびは
粗みじん切りにし、Aと混ぜ合
わせて**1**にかける。

おいしいPOINT

魚焼きグリルで少し焦げ目がつくくらいしっか
り焼く。中が蒸し焼きになって種までおいしく
食べられる。香ばしいえびじょうゆでどうぞ!

ピーマンのトマト煮

おいしいPOINT

ピーマンとトマトの煮込みは色も鮮やか。半分に切ったピーマンは、大きく存在感がある。にんにくとベーコンの旨みを絡めて弱火で煮込む。

2 トマトとの相性抜群
赤いトマトと彩りよく煮る

材料 （2人分）

ピーマン…4個
にんにく…¼かけ
ベーコン…1枚
Ⓐ 水…¼カップ
トマト水煮缶（カット）…100g
塩…小さじ⅕
こしょう…少々
オリーブオイル…小さじ1

作り方

1 ピーマンは縦半分に切ってヘタと種を取り除く。にんにくはみじん切り、ベーコンは短冊切りにする。

2 鍋にオリーブオイルを中火で熱し、**1**を入れて炒め、Ⓐを加える。煮立ったら蓋をして弱火で7〜8分煮る。

パプリカのトマトみそチーズ焼き

3 さっとつまめる
舟形に切ってソースをぬる

材料 （2人分）

パプリカ（赤）…1個
Ⓐ みそ…小さじ2
トマトケチャップ…小さじ1
にんにく（みじん切り）…少々
ピザ用チーズ…40g

作り方

1 パプリカは縦半分に切ってヘタと種を取り除き、さらに縦に3〜4等分に切る。

2 Ⓐを混ぜ合わせて**1**の内側にぬり、ピザ用チーズをかけ、オーブントースターで10〜15分焼く。

おいしいPOINT

舟形に切ったパプリカにソースとチーズをのせて焼く。火を通したパプリカはさらに甘く、みその塩けとケチャップの旨みで濃厚な仕上がりに。おつまみやお弁当の彩りにもぴったり。

ブロッコリー

Data

旬	11〜3月
特徴	密集したつぼみを食べる緑黄色野菜。茎も食べられる
味	ゆでるとやわらかく、ほのかな甘みがある

主な栄養成分

β-カロテン、ビタミンC、スルフォラファン

β-カロテン、ビタミンCが豊富なうえ、スルフォラファンを含むので、強い抗酸化作用によって動脈硬化やがん予防に効果を期待。

ブロッコリー

大きめに切ってやわらかく煮たり、かために焼いてもおいしい。

Good!
緑色が濃く
つぼみが
密集している

Good!
つぼみの
中央部分が盛り
上がっている

Good!
茎の切り口が
みずみずしい

トリビア

野菜の中ではたんぱく質が多い

ケール起源の野菜。食べているのはつぼみの部分。たんぱく質が多く、ビタミンも豊富に含まれる。

スティックセニョール

Data

旬	6〜8月
特徴	長い茎の部分とつぼみを食べる
味	長い茎はほんのり甘みがあり、つぼみはやわらかい食感

保存方法

キッチンペーパー＆ラップ＆ポリ袋で冷蔵保存

つぼみの部分をキッチンペーパーで包み、全体にラップをかけ、ポリ袋をかぶせて冷蔵室で立てて保存。

おいしさを生かす下ごしらえ

等分

コトコト煮るときは縦にざっくり4〜6等分に切る

煮込むときは大きく切る。つぼみがバラバラになりにくく、茎の部分もやわらかくなり、おいしく食べられる。

太い茎と細い茎の境目に包丁を入れて小房に分ける

枝分かれするつけ根の部分に包丁を入れて切り分け、真ん中の密集しているところは茎のほうから包丁を入れる。

茎は拍子木切りや輪切りに

茎は皮をむいてから切る。つぼみといっしょに調理したり、油で素揚げしてもおいしい。

茎

太い茎はかたい皮を取り除く

皮はかたいので残らず切り落とす。芯の部分は皮の部分より色が薄くなっているので、それを目安に。

おいしさを生かす調理法

ブロッコリーは塩なしの熱湯でゆでるのがおいしい

塩を入れなくても、お湯でゆでるだけで色が鮮やかになる。ゆでることでブロッコリーの甘みが引き出される。

レンジ加熱でかために火を通す

レンジ加熱の場合は、耐熱皿に入れてラップをふんわりとかけ、100gあたり1分40秒を目安に加熱する。

魚焼きグリルでこんがりと焼くとグッと甘みが引き立つ

香ばしく、コリコリとした食感に。焼くことで水分が抜け、甘みが凝縮されておいしい。

加熱の目安時間

電子レンジなら100gあたり **1分40秒**
ゆでるなら **1分** やわらかめ **2〜3分**
焼くなら **4〜5分**

おいしい
食べ方

1

大きく切ってやわらかく煮る

見た目も
豪華！

ブロッコリーポトフ

材料 （2人分）

ブロッコリー…½株（150g）
鶏手羽中…2本
┌ 水…2カップ
Ⓐ 顆粒コンソメ…小さじ½
└ ローリエ…1枚
塩・こしょう…各少々

作り方

1 ブロッコリーは茎の部分の
皮をむき、縦半分に切る。
鶏手羽中は縦半分に切る。

2 鍋に手羽中、Ⓐを入れて中
火にかけ、煮立ったら**1**を
加え、蓋をして弱火で7〜
8分煮る。塩、こしょうで
味をととのえる。

おいしいPOINT

大きく切ったブロッコリーは迫力満点。弱火で
じっくり煮るので茎もやわらかくなる。鶏手羽
中は半分に切ることで、骨の旨みも染み出し、
スープが味わい深くなる。

120

焼きブロッコリーの
わさびマヨかけ

材料 （2人分）

ブロッコリー…½株（150g）
Ⓐ 「 マヨネーズ…大さじ1
牛乳…小さじ1
わさび…小さじ⅕ 」

作り方

1 ブロッコリーは小房に分け、魚焼きグリルで4〜5分焼く。

2 器に盛り、混ぜ合わせたⒶをかける。

2
ゆでずに
グリルで
焼く

香ばしく
焼いて

おいしいＰＯＩＮＴ

焼いたブロッコリーのコリコリとした食感が新鮮。わさびをきかせたマヨネーズに牛乳を加えることで風味がよくなる。何にかけてもおいしいドレッシング。

ブロッコリーディップ

おいしいＰＯＩＮＴ

やわらかめにゆでるのがポイント。アンチョビとにんにくをきかせ、ヨーグルトを加えることで、さっぱりとした仕上がりに。ディップソースで野菜がとれるのがうれしい。

材料 （2〜3人分）

ブロッコリー…½株（150g）
アンチョビ…1枚
にんにく…¼枚
プレーンヨーグルト…½カップ
Ⓐ 「 オリーブオイル
…小さじ2
塩…小さじ⅓
こしょう…少々 」
バゲット…適量

3
ゆでて熱いうちに
つぶす

作り方

1 ブロッコリーは小房に分ける。鍋に湯を沸かし、ブロッコリーを入れてやわらかめにゆで、熱いうちにつぶす。アンチョビ、にんにくはみじん切りにする。

2 ザルにキッチンペーパーをしいてヨーグルトをのせ、30分ほどおいて元の重量の半分ほどになるまで水けをきり、1、Ⓐと混ぜ合わせる。器に盛り、薄切りにしたバゲットを添える。

緑色が
鮮やか

枝豆

ゆでるのはもちろん、グリルで焼くおいしさをぜひ、楽しんで。

Data

旬	7〜9月
特徴	さやがふっくらしていて実が詰まっている大豆の未熟果
味	甘みと濃厚な旨みとコクがある

Good!
さやにうぶ毛がある

Good!
枝つきで売られているもの

トリビア

枝つきでゆでて食べたのが由来?
枝つきのままゆでて食べたことが名前の由来とも。英語ではgreen soybeans。

保存方法

新聞紙＆ポリ袋で冷蔵保存
枝を1cm残して切り落とし、新聞紙に包み、ポリ袋に入れて冷蔵室で保存。

主な栄養成分

ビタミンB群、ビタミンC
糖質をエネルギーに変えるビタミンB$_1$が豊富で、エネルギー代謝を促す。大豆にはないβ-カロテンやビタミンCも含む。

122

おいしさを生かす下ごしらえ

煮物にするときは、
両端をパチパチ切る

両端を切り落とすことで、味
が中まで染みやすくなる。

Memo

ゆでるか焼くなら、
両端は切らなくてOK

片側だけ切り落とす。枝から切
り分けるときに切るとよい。

おいしさを生かす調理法

**グリルで焼くと
甘みが出て香ばしい**

アルミホイルをしき、塩をま
ぶして焼き色がつくまで焼く。
焦げ目をつけたくない場合は
包んで蒸し焼きに。

加熱の目安時間

ゆでるなら	**3〜4分**
焼くなら	**5〜6分**
煮るなら	**7〜8分**

**煮るときは、
さやに煮汁を含める**

さやごと口に入れたときに、さやに含ませた
煮汁がじゅわっとあふれておいしい。

ザルに上げる

ザルに上げたら広げて
冷ます。うちわなどで
あおぐと早く冷める。

おいしいゆで方

塩でもむ

ボウルなどに枝豆と塩
を入れてもむと、さや
についているうぶ毛が
取れる。

熱湯でゆでる

流い洗さずそのままゆ
でる。余熱で火が通る
のを考慮して途中で食
べてかたさを確かめる。

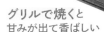

**鍋に戻し、
塩をまぶす**

鍋に戻して塩をふり、
鍋をゆすってまぶす。
火にはかけない。

焼き枝豆

材料 （2人分）

枝豆… 150g
塩… 少々

作り方

1 魚焼きグリルにアルミホイルをしき、枝豆をのせて広げて塩をまぶし、5〜6分焼く。

おいしい食べ方

シンプル＝ベスト！

1 ただ焼くだけで枝豆そのものを味わう

おいしいPOINT

さやは片端を切り落とすだけでOK。塩をふって焼くだけで、水分が抜けて甘みが凝縮される。香りも香ばしく、枝豆そのものの味がストレートに感じられる。

材料　（2人分）

枝豆…50g（ゆでて
　さやから出したもの）
じゃがいも…小1個
玉ねぎ…¼個
Ⓐ ┌ 水…1と¾カップ
　　└ 顆粒コンソメ…小さじ¼
塩・こしょう…各少々
バター…10g

作り方

1 じゃがいもは2cm角に切り、水にさっとさらして水けをきる。玉ねぎも2cm角に切る。

2 鍋にバターを入れて中火で熱し、玉ねぎを入れてしんなりするまで炒め、じゃがいも、枝豆を加えて炒める。Ⓐを加え、煮立ったら蓋をして弱火で10分ほど煮る。塩、こしょうで味をととのえる。

2 さっと炒めてからスープにする

プチプチ
食感が◎

枝豆スープ

おいしいPOINT

枝豆や玉ねぎの甘みが溶け出し、バターのコク、じゃがいものとろみがやさしい、ほっとするスープ。コロコロとした具材の食感も楽しい。

枝豆の煮物

煮物も
美味

3 さやごと煮てさやの旨みを含ませる

材料　（2人分）

枝豆…150g
Ⓐ ┌ だし汁…½カップ
　　│ 酒…大さじ1
　　│ しょうゆ…小さじ2
　　└ 砂糖…小さじ1

作り方

1 枝豆はさやの両端をキッチンばさみで少し切り落とし、塩（分量外）をふって塩ずりし、洗い流す。

2 鍋にⒶを入れて中火にかけ、煮立ったら1を加える。再び煮立ったら蓋をして弱火で7〜8分煮る。

おいしいPOINT

口に入れたときに、豆と一緒に、さやが含んだ煮汁があふれるジューシーな一品。塩でもんでうぶ毛を取り除いてから煮るので、口あたりもやわらか。

グリーンピース

Data	
旬	4〜6月
特徴	さやの中にある未熟豆だけを食用とする
味	旬のものは、風味や味が濃く、ほんのりとした甘み

Good!
さやがピンと
している

断面

さやの中に実が
ぎっしり！

トリビア

**グリーンピースは
実を食べるえんどう**
えんどう豆が熟す前の状態で、
実だけを食べる「実えんど
う」の1つがグリーンピース。

シワシワにならないゆで方を
試してみて！

Good!
実がぎっしり
入っていて
ハリがある

保存
方法

**キッチンペーパー＆ポリ袋で
野菜室で保存**
さやつきのまま、キッチンペーパーで包み、
ポリ袋に入れて野菜室で保存。

主な栄養成分

ビタミンB群、食物繊維
食物繊維が豊富で血糖値の上昇を緩や
かにしたり、余分なコレステロールを
排出する効果も。ビタミンB群も含
むので代謝アップ。

126

実を外すには、
**さやを開けて
親指で押し出すように**

指でぐっと押すとさやがパカッと開くので親指でやさしく押し出す。乾燥に弱いので、すぐ調理する。

おいしさを生かす**調理法**

おいしいゆで方

塩をまぶす

グリーンピース80〜100gあたり塩小さじ½をまぶす。

熱湯でゆでる

熱湯で2〜3分ゆでる。

水を加える

水を加えてぬるま湯にする。

ぬるま湯にして
そのままおけば、
シワシワにならない!

加熱の目安時間

ゆでるなら **2〜3分**

**生のグリーンピースが
手に入ったら
炊き込みごはんが一番**

塩をまぶして米と一緒に入れて炊く。色は変わるが、豆は炊き込んだほうがおいしい。

Memo

使うときは生で?ゆでて?

煮物や炊き込みごはんに使うときは、生のままで。サラダなどで使うときは、ゆでる。

おいしい
食べ方

1

さっとゆでて豆を色鮮やかにする

彩りよく
仕上げて

グリーンピースとたらこの炒り卵

材料 (2人分)

グリーンピース (さやから出したもの)…80g
塩…適量
たらこ…30g
卵…2個
Ⓐ ┌ 酒…小さじ1
　　└ 砂糖…小さじ½

作り方

鍋に湯を沸かし、塩小さじ½をまぶしたグリーンピースを入れて3分ほどゆで、火を止める。水を加えてぬるま湯にし、そのまま冷ます。ザルに上げて水けをきる。卵は割りほぐし、Ⓐ、薄皮を取り除いてほぐしたたらこを加え、塩少々で味をととのえる。

2 小さめのフライパンに1を入れて弱火にかけ、混ぜながらポロポロになるまで加熱する。

おいしいPOINT

卵液とゆでたグリーンピースを弱火で混ぜ、卵に火を通しながらなじませる。小さめのフライパンのほうがなじませやすいが、なければふつうのサイズのフライパンで。

ほたて入りグリーンピースごはん

おいしいPOINT

グリーンピースといえば、豆ごはんというくらい、季節を感じることができる一品。ほたてを入れて味に深みを出し、さらにおいしいごはんに。

材料　（4人分）

グリーンピース（さやから出したもの）… 100g
塩…小さじ½強
米…2合
ほたて貝柱
　（生でも冷凍でも）… 50g
Ⓐ みりん…小さじ2
　 しょうゆ…小さじ1

作り方

1 グリーンピースは塩をふって混ぜる。ほたて貝柱は食べやすい大きさに裂く。

2 米は洗って炊飯器の内釜に入れ、Ⓐを加え、水（分量外）を2合の目盛りまで加えて混ぜる。20分ほど浸水させる。**1**を加えて炊き、炊き上がったら全体を混ぜる。

2
季節を感じるごはんに仕立てる

ほっこりとおいしい

シンプルな味つけで

3
スープのように汁ごといただく

グリーンピースとサラダ菜の炒め煮

おいしいPOINT

生のグリーンピースをにんにく、ウインナーソーセージと一緒に炒めてから煮込むことで、それぞれの旨みがスープに溶け込む。サラダ菜をたっぷり入れてシャキッとした食感もプラス。

材料　（2人分）

グリーンピース
　（さやから出したもの）… 100g
サラダ菜… 1株
ウインナーソーセージ… 2本
にんにく…薄切り2枚
水…¼カップ
塩・こしょう…各少々
オリーブオイル…小さじ2

作り方

1 サラダ菜は大きめにちぎり、ウインナーソーセージは小口切りにする。

2 鍋にオリーブオイルを中火で熱し、にんにく、グリーンピース、ウインナーソーセージを入れて炒める。全体に油が回ったら水を加え、煮立ったら蓋をして弱火で5分ほど煮る。蓋を取って中火にし、サラダ菜を加え、しんなりしたら塩、こしょうで味をととのえる。

さやいんげん・さやえんどう

和え物はシャキシャキの食感、煮物はくたくたのやわらかさがおいしい。

モロッコいんげん

Data
旬	6〜9月
特徴	幅が広く、扁平な形。筋が少ない
味	甘みが強く、味が濃厚

Good!
実の形がくっきりと出ていない

Good!
緑色が濃く、太さが均一

さやいんげん

Data
旬	6〜9月
特徴	細長く、小ぶりで丸みを帯びている
味	やわらかく、シャキシャキとした食感

さやえんどう

Data
旬	4〜5月
特徴	緑が鮮やかで、さやが薄いもの
味	食感が軽く、ほんのりとした甘み

Good!
さやがふっくらしていてハリがある

Good!
ガクがしっかりとしてさやが薄く、実が小さい

スナップえんどう

Data
旬	4〜6月
特徴	さやがやわらかく、さやごと食べられる
味	さやえんどうの食感とグリーンピースの実の甘み

主な栄養成分
ビタミンB群、β-カロテン、ビタミンC

ともに緑黄色野菜で、β-カロテン、ビタミンCが豊富なのが特徴。代謝を促すビタミンB群、腸内環境を整える食物繊維も多い。

保存方法
さやいんげんは野菜室、さやえんどうは冷蔵室へ

どちらもキッチンペーパーで包み、ポリ袋に入れる。さやいんげんは野菜室で保存し、さやえんどうは冷蔵室で保存。

Memo

最近のさやいんげんには筋がない

最近のさやいんげんは筋を取ろうとしても筋がないことが多いので、その場合はヘタだけを切り落とす。

スナップえんどう、さやえんどうは筋を取る

筋がしっかりあるので、ヘタのところを折ってそのまま引っ張って筋を取るとラク。片方ずつ取っても。

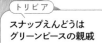

トリビア

スナップえんどうはグリーンピースの親戚

グリーンピースをさやがかたくならないように品種改良し、さやごと食べられるようにしたのがスナップえんどう。

おいしさを生かす**調理法**

加熱の目安時間

さやいんげんをゆでるなら	**1分**
スナップえんどうを蒸し焼きなら	**2分**
いんげんをくたくたに煮るなら	**7〜8分**

さやいんげんを ゆでるなら 1分くらいがベスト!

ゆですぎると、ふにゃふにゃになって皮がむけてくるので、1分程度ゆでる。

スナップえんどうは 蒸して火を通す

水か酒をふって蓋をし、蒸し焼きにして火を通す。

煮物にするなら、 くたくたになるまで 煮るのが美味

色が鮮やかになるので、さっと炒めてから煮る。煮物はくたくたになるくらいやわらかく煮たほうがおいしい。

おいしい
食べ方

1

くたくたに煮て肉の旨みを吸わせる

こってり
煮込んで

さやいんげんとひき肉の中華煮

材料 （2人分）

さやいんげん… 150g
豚ひき肉… 100g
長ねぎ… 3cm
赤唐辛子… ½本

A
- 水… ½カップ
- 酒… 大さじ1
- しょうゆ… 小さじ2
- 砂糖… 小さじ½
- 鶏がらスープの素 … 小さじ¼

ごま油… 小さじ2

作り方

1 さやいんげんはヘタを切り落として2～3等分に切る。長ねぎはみじん切りにし、赤唐辛子は輪切りにする。

2 フライパンにごま油を中火で熱し、ひき肉、長ねぎを入れてひき肉がポロポロになるまで炒める。さやいんげん、赤唐辛子を加えてさらに炒め、Aを加えて煮立たせ、蓋をして弱火で7～8分煮る。

おいしい**POINT**

ひき肉は、崩しすぎないで大きめに炒めると、食べやすく、ボリューム感も出る。豚の脂の旨みに赤唐辛子をピリッときかせ、ごはんの進む味に。

材料 （2人分）

さっぱりと
味わう

さやいんげん… 150g

Ⓐ
- 玉ねぎ（みじん切り）
  …大さじ2
- 酢…大さじ1
- オリーブオイル…小さじ2
- 塩…小さじ⅕
- 砂糖・こしょう…各少々

作り方

1 さやいんげんはヘタを切り落とす。鍋に湯を沸かし、さやいんげんを入れて1分ほどゆで、水けをきって斜め切りにする。

2 Ⓐを混ぜ合わせ、**1**と和える。

2 さっとゆでてドレッシングと和える

さやいんげんの玉ねぎドレッシングサラダ

おいしいPOINT

さっとゆでてシャキッと感を残したさやいんげんに、みじん切りにした玉ねぎの食感と風味がアクセントのシンプルなドレッシングをかけると、驚きのうまさに！

スナップえんどうのチーズ炒め

おいしいPOINT

スナップえんどうを手で割ると、そのまま食べるのとは違った食感に。蒸し焼きにしてからそっと炒め合わせると実が外れにくい。見た目も味も驚きの一品。

材料 （2人分）

スナップえんどう… 100g

酒…小さじ2

Ⓐ
- パルメザンチーズ
  …小さじ2
- 塩…小さじ⅙
- 粗びき黒こしょう…少々

オリーブオイル…小さじ1

作り方

1 スナップえんどうは筋を取り、割る。

2 フライパンにオリーブオイルを中火で熱し、**1**を入れて炒める。色が鮮やかになったら酒を回し入れ、蓋をして弱火で2分ほど蒸し焼きにする。蓋を取って中火にし、Ⓐを加えて炒め合わせる。

3 割って見た目も食感も変化させる

チーズが合う！

133

そら豆

ゆでるのはもちろん、蒸し焼きや天ぷらもおいしい。

Data
旬　　　　　　　　　　4〜6月
特徴　　　　　さやが上に向かって実る。
　　　　　さやの中にふわふわのワタがある
味　　　　　ほくほくとした食感と
　　　　　独特の風味、甘みがある

Good!
緑色が
鮮やかでハリが
ある

Good!
表面に
うぶ毛がある

トリビア
蚕の繭に形が似ているので「蚕豆」とも
「空豆」と書くことが多いが、形が蚕の繭に似ているので「蚕豆」と書くことも。

保存方法

主な栄養成分

ビタミンB群、食物繊維

脂質や糖質の代謝を促すビタミンB₁、B₂が豊富。皮には食物繊維が多く含まれるので、調理の工夫で丸ごと食べるのがおすすめ。

新聞紙＆ポリ袋で冷蔵保存
さやつきのまま新聞紙で包み、ポリ袋に入れて冷蔵室で保存。

134

おいしさを生かす**下ごしらえ**

さやを左右にパカッと開き、豆を取り出す

さやを手で少しひねると、開きやすくなる。傷んでいる豆があったら、薄皮をむいて中が大丈夫なら使って。

薄皮をむけば
いろいろな料理に使える

薄皮はごわっとしているので、むくとやわらかい食感になる。天ぷらなどにする場合は薄皮をむく。

おいしさを生かす**調理法**

ゆでた後は
丘上げにする

丘上げ（おかあげ）とは、ゆでた後、水にとらずに、ザルに上げること。水にとると水っぽくなる。

天ぷらにするのもおいしい!

薄皮をむいて衣をつけ、天ぷらにすると、ほくほくした食感に。そら豆だけでかき揚げにしたり、玉ねぎを加えても。

加熱の目安時間

ゆでるなら	**2**分
焼くなら	**6〜7**分
蒸し焼きなら	**5**分

蒸し焼きすると
皮ごと食べられる

フライパンで炒めてから弱火で蒸すと、皮もやわらかくなっておいしく食べられる。

Memo

さやを外してグリルで焼くのもおいしい!

さやから出して、魚焼きグリルにアルミホイルをしいてのせ、焼いてもおいしい。

おいしい
食べ方

1

蒸し焼きにして甘みを引き出す

じっくり
蒸し焼きに

リヨネーズそら豆

材料 （2人分）

そら豆（さやから出したもの）… 150g
玉ねぎ… ¼個
顆粒コンソメ… 小さじ¼
塩・こしょう… 各少々
オリーブオイル… 小さじ2
パルメザンチーズ… 少々

作り方

1 玉ねぎは薄切りにする。

2 フライパンにオリーブオイルを中火で熱し、1を入れてしんなりするまで炒め、そら豆を加えてさっと炒める。コンソメを加えて混ぜ合わせ、蓋をして弱火で5分ほど蒸し焼きにし（途中で一度混ぜる）、塩、こしょうで味をととのえる。器に盛り、チーズをふる。

おいしいPOINT

玉ねぎとそら豆を炒めたら、蓋をして蒸し焼きに。水を入れずにそら豆の水分で蒸すので、焦げつかないように途中で混ぜて。粉チーズをかけて洋風に。

焼きそら豆

材料 （2人分）

そら豆（さやから出したもの）…150g

作り方

1 魚焼きグリルにアルミホイルをしき、そら豆をのせて広げ、6〜7分焼く。

おいしいPOINT

様子を見ながら、少し焼き色（好みで少し焦げ目）がつくまで焼く。皮が乾いてパリッとするくらいがおいしい。そら豆の時期はあっという間なので、見かけたときにぜひ。

2
ただ焼くだけ
それがおいしい

シンプルに
いただく

3
衣はサクサク
中はほくほくに

そら豆のかき揚げ

材料 （2人分）

そら豆（さやから出したもの）…150g

A ┌ 小麦粉…大さじ3
　├ 水…大さじ2
　└ 溶き卵…大さじ1
揚げ油…適量

作り方

1 そら豆は薄皮をむく。Aをさっくり混ぜ合わせ、そら豆を加えて混ぜる。

2 170℃に熱した揚げ油に、1を1/3量ずつ、木べらなどに広げて滑らせるように入れ、カラッとするまで揚げる。

ほくほく
甘い

おいしいPOINT

薄皮をむいた実を使う。揚げ油に入れたときに、豆がバラバラになったら、菜箸でそっと集めればよいが、バラバラでもおいしく食べられる。

137

もやし・豆苗

もやしはレンジ加熱が一番おいしい。豆苗は生より火を通したほうがおすすめ。

豆苗

Data

旬	3〜5月
特徴	えんどう豆を発芽させたもので緑黄色野菜の仲間 ほのかな豆の香りと甘み、シャキシャキとした食感

Good!
葉の色が濃い緑でみずみずしい

Good!
葉先がピンとしている

Good!
茎が太くて色が白く、ツヤがある

トリビア
スプラウトの一種
発芽させた若芽のことをスプラウトと呼ぶので、もやしも豆苗もスプラウトの一種。もやしは緑豆、大豆、黒豆を、豆苗はえんどう豆を発芽させる。

大豆もやし

Data

旬	通年
特徴	大豆を発芽させたもやし。茎が長くて白い
味	大豆の風味と甘みがある

緑豆もやし

Data

旬	通年
特徴	緑豆を発芽させたもやし。白くてやや太い
味	クセがなく、みずみずしい食感

主な栄養成分

ビタミンC、食物繊維

もやしは低カロリーなうえにビタミンCや食物繊維が含まれる。豆苗は緑黄色野菜で、β-カロテン、ビタミンCが豊富で老化予防に。

保存方法

ポリ袋に入れて冷蔵保存
一度開封したものは、ポリ袋に入れて冷蔵室で保存し、早めに使いきる。

138

もやし

豆苗

豆がついている
上のあたりで切る。

ひげ根はやっぱり
取ったほうがおいしい

ひげ根は傷みやすく、取った
方が味や食感がよくなる。ひ
げ根を取ったもやしも売られ
ている。

Memo

**豆苗を生で食べるなら
レタスと合わせるとおいしい**

豆苗は生でも食べられるが、独特の豆
の匂いがするので、豆苗だけで食べず、
レタスなどと一緒に。

豆苗は根元を切るだけ
ですぐ使える

豆苗は、豆と根ごと袋に入っているの
で、そのまま取り出せば、切るだけで
下処理もいらず、ラク。

加熱の目安時間

電子レンジなら100gあたり**1分20秒**

炒めるなら**2〜3分**

もやしはポリ袋に入れて
レンジ加熱が一番!

もやし150gを耐熱のポリ袋に入れて
平らにし、袋の口を下に折り、2分加熱。
袋のままレンチンできる商品も。

もやし

加熱の目安時間

炒めるなら **1分**

豆苗

Memo

**もやしをゆでるなら水を
少なめにして蒸し焼きが
甘みが出ておいしい**

ぴったり蓋のできるフライパン
か鍋に入れ、水大さじ3を加え
て中火で2〜3分加熱する。

豆苗は
ムラなく火を通す

さっとかき混ぜて、全体にム
ラなく火が通るように炒める。

1

ポリ袋に入れてレンチンして和える

レンチンで
簡単に

もやしの青のりおろし和え

材料 （2人分）

もやし…150g
大根…150g

- A
  - 酢…大さじ1
  - 青のり…小さじ1
  - 砂糖…小さじ½
  - 塩…小さじ⅕

作り方

1 もやしは耐熱のポリ袋に平らに入れて袋の口を折り、電子レンジで2分加熱して冷まし、水けをきる。

2 大根はすりおろして水けをきり、Aと混ぜ合わせ、1と和える。

おいしいPOINT

電子レンジを使って加熱すれば、鍋にお湯を沸かす手間もなく、あっという間に一品完成。加熱している間に大根をすりおろす。もやしも大根も水けをきって。

もやしのサンラータン

仕上げの酢が
決め手

2

とろみをつけて旨みを閉じ込める

材料 （2人分）

もやし…100g
豚薄切り肉（ロースまたはもも）…50g
しょうが…薄切り2枚
赤唐辛子…½本
- A水…1と¾カップ
  鶏がらスープの素…小さじ¼
- Bしょうゆ…小さじ1と½
  こしょう…少々
水溶き片栗粉
　…片栗粉小さじ2＋水大さじ2
酢…小さじ2
ごま油…小さじ1

作り方

1 豚肉は1cm幅の細切りにする。しょうがはせん切り、赤唐辛子は輪切りにする。

2 鍋にごま油を中火で熱し、しょうが、もやし、豚肉を入れて炒める。赤唐辛子、Aを加えて煮立たせ、蓋をして弱火で5分ほど煮る。Bで味をととのえ、水溶き片栗粉を加えてとろみをつけ、ひと煮立ちしたら酢を加えて火を止める。

おいしいPOINT

もやしのシャキッとした食感を味わえるとろっとしたスープ。仕上げに酢を加えてさっぱりと。辛みと酸味がきいた複雑な味わい。

豆苗の卵炒め

おいしいPOINT

豆苗は油が回る程度に炒め、フライパンの端に寄せる。卵液を入れた側だけを火にかけて卵を半熟にしてから最後に炒め合わせる。

さっと
炒めるだけ

3

炒めすぎないように火を通す

材料 （2人分）

豆苗…1パック
- A溶き卵…2個分
  砂糖…小さじ½
  塩・こしょう…各少々
しょうゆ…小さじ½
サラダ油…小さじ1と½

作り方

1 豆苗は根元を切り落として3等分に切る。Aは混ぜ合わせる。

2 フライパンにサラダ油を中火で熱し、豆苗を入れてさっと炒め、しょうゆを加えて混ぜ、フライパンの端に寄せる。空いたところにAを流し入れて半熟の炒り卵を作り、豆苗と炒め合わせる。

ねぎ

生は辛み、加熱は甘み。それぞれのおいしさを味わう。

九条ねぎ

Good!
葉先の緑色が鮮やか

Good!
葉先までピンとしている

Data	
旬	11〜2月
特徴	緑の部分の長さが70cmくらいの葉ねぎ。ぬめりが多い
味	やわらかく、香りと甘みが凝縮されている

トリビア

中国西部や中央アジアあたりが原産地とも

中国では2千年以上前から栽培されており、日本へは8世紀頃伝わったとされ、古くから食用にされている。

小ねぎ

Data	
旬	11〜2月
特徴	緑の部分が大部分を占め、細い青ねぎ
味	辛みや匂いが弱く、やわらかい

主な栄養成分

（葉）β-カロテン、ビタミンC、ビタミンK
（根）ビタミンC、アリシン

葉はβ-カロテンやビタミンCが豊富な緑黄色野菜。香気成分のアリシンは、ビタミンB_1の吸収を高めて糖質の代謝を促進。

Good!
白い部分に傷がなく、ハリがある

根深ねぎ（長ねぎ）

Data	
旬	11〜2月
特徴	白い部分が長い
味	適度な辛みとシャキシャキの食感

保存方法

切ったものはラップをして冷蔵保存

長ねぎは、丸ごとの場合は新聞紙で包み、冷暗所で保存。切ったものは、ラップでぴっちり包んで冷蔵室で保存。小ねぎは新聞紙で包んで冷蔵室で保存。

みじん切り

斜めに切り込みを両面に入れる

両面に斜めに切り込みを入れる。

分岐部分は、皮をむいて中身を使う

葉が分岐しているところで切り、外の葉を外して白い部分を使う。緑の部分も炒めるなどして捨てずに食べる。

端から刻む

両面に切り込みを入れたら、端から刻むとみじん切りに。

せん切り

外側の白い部分を繊維に沿って細切りに

白髪ねぎにするときは、半分に切って中の芯の部分を取り除き、せん切りに。芯の部分は刻んで薬味などに。

おいしさを生かす**調理法**

火を通すなら

電子レンジなら100gあたり **2分**
炒めるなら **2〜3分**

レンジで加熱するととろりと甘みが引き立つ

ねぎはぶつ切りにしてラップで平らに包み、100gあたり2分加熱する。粗熱をとってマリネなどに。

さっと焼くだけで香ばしさアップ

鍋に入れて中火で、焦げないよう上下を返しながら、焼き目をつける。

おいしい
食べ方

1

とろとろ
食感！

ぶつ切りでとろとろ感と
甘みを引き出す

レンジねぎと生ハムのマリネ

材料 （3〜4人分）

長ねぎ…2本
生ハム…40g
A[
オリーブオイル…大さじ1
塩…小さじ⅓
こしょう…少々
]

作り方

長ねぎは長さを3等分に切ってラップで平らに包み、電子レンジで4分加熱し、粗熱をとって2cm長さに切る。生ハムは食べやすい大きさに切る。

2 Aを混ぜ合わせ、1と和え、10分ほどおいて味をなじませる。冷蔵庫で3日間保存可。

おいしいPOINT

ねぎは加熱すると甘くなる。甘いねぎに生ハムの塩けがよく合う。大きいまま加熱してから切るので、中がとろっとした状態に。ワインにも合う。

144

焼きねぎの煮浸し

2 焼くことで香ばしさをプラス

材料　（3〜4人分）

長ねぎ…2本

A［ だし汁…¾カップ
　しょうゆ・みりん
　　…各小さじ1
　塩…小さじ⅙ ］

作り方

1 長ねぎは3〜4cm長さに切る。

2 鍋を中火で熱し、**1**を入れて焼き色がつくまで焼き、**A**を加える。煮立ったら蓋をして弱火で10分ほど煮る。冷蔵庫で3日間保存可。

味つけはシンプルに

おいしいPOINT

焼いたねぎは甘みが増し、香ばしさも加わって、ねぎの旨みを最大限味わえる。焼いてから弱火で煮込むので、外は香ばしく、中はとろっとした食感。

おつまみにぴったり

3 さらしねぎの食感と辛みを味わう

さらしねぎとカリカリ豚肉のごまポンかけ

材料　（2人分）

長ねぎ…½本
豚バラ薄切り肉…100g
A［ ポン酢しょうゆ…小さじ2
　ごま油…小さじ½ ］
サラダ油…小さじ½

作り方

1 長ねぎは3cm長さに切り、芯を取り除いてせん切りにし、水にさらして水けをきる。豚肉は3cm幅に切る。フライパンにサラダ油を中火で熱し、豚肉を入れてカリッとするまで両面を焼く。

2 **A**を混ぜ合わせ、**1**と和える。

おいしいPOINT

白髪ねぎにして水にさらすと、シャキッとした食感とねぎの辛みが味わえる。豚バラ肉をカリカリに焼いたら粗熱をとってから、ねぎ、調味料と混ぜ合わせる。

145

香味野菜

香りと風味が存分に楽しめる香味野菜を上手に取り入れる。

三つ葉

Data

旬　　糸みつば　通年
　　　根みつば　3〜4月

特徴　糸みつばは根元まで緑、
　　　根みつばは根元が白い

味　　香り豊かで日本のハーブと呼ばれる

クレソン

Data

旬　　3〜5月

特徴　ワサビの仲間で
　　　葉がやわらかいのが特徴

味　　独特の香りとさわやかな辛み

みょうが

Data

旬　　6〜10月

特徴　しょうがの仲間で花穂や
　　　若芽の茎の部分を食べる

味　　清涼感のある香りと
　　　シャキシャキ食感

青じそ

Data

旬　　5〜8月

特徴　葉のふちに
　　　ギザギザの切れ込みがある

味　　さわやかな香りと
　　　さっぱりした味

しょうが

Data

旬　　9〜10月

特徴　肥大した地下茎部分を
　　　食用としたもの。主に出回って
　　　いるのは「根しょうが」

味　　繊維質が多く、
　　　風味や辛みが強い

にんにく

Data

旬　　11〜2月

特徴　主に根元の球根部分を
　　　食用とする香味野菜
　　　葉や茎も食べられる

味　　強烈な香りと辛みが特徴

トリビア

しょうがは漢方薬の生薬

しょうがは漢方では「ショウキョウ」と呼ばれる生薬で、さまざまな漢方薬に配合されている。

保存方法

キッチンペーパー＆ポリ袋で野菜室で保存

キッチンペーパーで包み、ポリ袋に入れて野菜室で保存。三つ葉は冷蔵室がおすすめ。にんにくは風通しのよい冷暗所で。

クレソンは
葉を摘んで茎と分ける

サラダなど生で食べるときは葉を摘んで。茎
は斜め薄切りにして使うか、加熱して食べる。

青じそは水にさらさず、切ってから
キッチンペーパーで水けを押さえる

水でさっと洗い、切ってからキッチンペーパーで水けを押さ
えると、しぶみやえぐみが取れる。

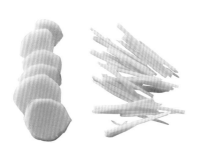

しょうがは用途によって
繊維の方向を変えて切る

繊維を断ち切ると香りが出るので、煮物など
の味つけに使う場合は輪切りに。繊維に沿っ
て切るとケバ立たず、シャキシャキに。

にんにくは芽を取り除いて
風味をよくする

半分に切ったときに、芯の部分
が緑色になっていたら芽なので、
取り除く。

みょうがは切りたてを
加えると
香りが華やぐ

水にさらしすぎると香り
が飛ぶので、加熱すると
きは加える直前に切る。

Memo

- - - - - - - - - - - -

三つ葉は生でも
さっと火を通しても

さわやかな香りの三つ葉は生で
サラダにするのもおすすめ。火
を通すと量は減るがシャキッと
した食感は残る。

- - - - - - - - - - - -

しょうがの佃煮

材料 （作りやすい分量）

しょうが…100g

Ⓐ
- 水…½カップ
- 酒…大さじ1
- しょうゆ…大さじ1弱
- 砂糖…小さじ2
- かつお節…½パック（2g）

作り方

1 しょうがはせん切りにする。

2 鍋に1、Ⓐを入れて中火にかけ、煮立ったら蓋をして弱火で10分ほど煮る。

おいしいPOINT
しょうがは繊維を断ち切るように切ると、切り口がケバ立って食感が悪くなるので、繊維に沿って薄切りにしてからせん切りにする。しょうがの辛みでごはんが進む。

1 しょうがの辛みを生かしてシンプルに煮る

甘辛く煮込んで

にんにくのホイル蒸し焼き

材料 （2人分）

- にんにく…4かけ
- バター…5g
- 塩・こしょう…各少々

おいしいPOINT
にんにくは蒸し焼きにすると、いものようなほくほくな仕上がりに。辛みが消えたにんにくはとろっと甘い味。バターのコクで濃厚な味わい。

作り方

1 にんにくは根元を切り取って縦半分に切り、芽を取り除く。

2 アルミホイルに1、バターをのせ、塩、こしょうをふって包み、オーブントースターで15分ほど焼く。

2 じっくり火を通してほくほくに

焼くだけで簡単！

しらたきの青じそたらこ和え

材料 （2人分）

- 青じそ…6枚
- しらたき…100g
- たらこ…30g
- 酒…小さじ2
- 塩…少々

おいしいPOINT
青じそのしぶみのような風味が気になる場合は、みじん切りにした後、キッチンペーパーで水けを拭き取るとよい。火を止めてから混ぜ合わせても、余熱でなじむ。

作り方

1 青じそは粗みじん切りにする。しらたきは食べやすい長さに切り、下ゆでして水けをきる。たらこは薄皮を取り除いてほぐす。

2 鍋にしらたき、酒を入れて中火で炒り、たらこを加えて炒り合わせる。塩で味をととのえ、火を止め、青じそを加えて混ぜ合わせる。

3 青じそでたらこの風味をさわやかに仕上げる

彩りもプラス

4 みょうがの風味を味つけに生かす

香りを
生かして

みょうがのこんにゃくみそ炒め

材料 （3〜4人分）

みょうが…3個
こんにゃく…1枚
Ⓐ［ みそ・酒…各大さじ1
   砂糖…小さじ1
サラダ油…小さじ1と½

おいしいPOINT
みょうがは生で食べるときは水にさらすこともあるが、香りが飛びやすいので、加熱するときは水にさらさず、加える直前に切るとよい。みょうがの香りも調味料の1つ。

作り方

1 みょうがは小口切りにする。こんにゃくは縦半分に切って8mm厚さに切り、下ゆでして水けをきる。

2 フライパンにサラダ油を中火で熱し、こんにゃくを入れて炒める。全体に油が回ったら一度火を止め、Ⓐを加えて混ぜ合わせる。再び中火にかけて30秒ほど炒め、みょうがを加えてさっと炒め合わせる。

5 三つ葉を残さず使いきる

さっと
和えるだけ

三つ葉とレタスのツナサラダ

材料 （2人分）

三つ葉…1袋（50g）
レタス…2枚
ツナオイル漬け缶…小1缶
Ⓐ［ 酢…小さじ2
   オリーブオイル
      …小さじ1
   しょうゆ…小さじ½
   塩・こしょう…各少々

作り方

1 三つ葉は3cm長さに切り、レタスは食べやすい大きさにちぎる。ツナ缶は油をきる。

2 Ⓐを混ぜ合わせ、1と和える。

おいしいPOINT
親子丼やすまし汁のあしらいに使ったときに残りがちな三つ葉。メイン食材としてサラダに使えば、香りよく、レタスとの相性も◎。

6 かたい茎もゆでて食べやすくする

和の副菜
にも◎

クレソンのごま浸し

材料 （2人分）

クレソン…100g
Ⓐ［ だし汁…大さじ2
   しょうゆ…小さじ1
白いりごま…小さじ⅓

おいしいPOINT
ピリッとした風味を生かし、さっとゆでてごまと一緒にお浸しに。ゆでるときは、茎の部分を下にして入れ、一呼吸おいてから葉の部分も入れて、すぐに流水にとるとよい。

作り方

1 鍋に湯を沸かし、クレソンを入れてさっとゆで、流水にとる。水けをきって3cm長さに切る。

2 Ⓐを混ぜ合わせ、1と和える。器に盛り、粗く刻んだ白いりごまをふる。

ごぼう

ごぼう

Data

旬	10〜2月
特徴	泥つきで売られていることが多い
味	土っぽい香りと味

Good!

洗いごぼう
よりも
泥つきのもの

新ごぼう

Data

旬	3〜5月
特徴	皮が薄くて白っぽい
味	みずみずしく、えぐみが少ない

Good!

太すぎず、
太さが均一

最近はアクが少なくなっているので、さっと水にさらすか、そのまま炒める。

主な栄養成分

イヌリン（水溶性食物繊維）
セルロース、リグニン（不溶性食物繊維）

水溶性と不溶性の食物繊維がバランスよく含まれる。便秘改善、血糖値の上昇を抑え、悪玉コレステロールの排出を促す効果も。

保存方法

新聞紙で包んで冷暗所で保存

泥つきのものは、新聞紙で包み、冷暗所で立てて保存。洗いごぼうは、ポリ袋に入れるか、ラップで包んで冷蔵室で保存。

トリビア

ごぼうの名前の由来は？

ごぼうに似たアザミ科の植物を表す「蒡」、その植物よりごぼうが大きいので、大きい草木を意味する「牛」で「牛蒡」に。

おいしさを生かす下ごしらえ

皮は包丁の背でこそぐ

皮に栄養が含まれているので皮はむかないで、黒くなったところを包丁の背でこそげ取るくらいでOK！

新ごぼうのときはさっと水を通すくらいでOK

最近のごぼうはアクが少ないので、水にさっとさらせばOK。新ごぼうは特にアクが少ないので水に通すだけ。

ささがきはまな板の上で回しながら

ごぼうを回しながら、鉛筆を削る要領で笹の葉の形に薄く切る。太いところは縦に切り込みを入れて同様に切る。

長さを切ってから、1cmほどの厚みに切り、1cmほどの幅に切る。

短冊切り

縦に半分に切ってから斜め切り。

薄切り

せん切り

乱切り

ささがき

長さを切ってから、薄切りにして端から細切りに。

切っては回してまた切る。

上の写真を参考に。

おいしさを生かす調理法

加熱の目安時間

ゆでるなら	1〜2分
炒めるなら	4〜5分
煮るなら	13〜15分

炒め物は切りたてがおいしい

色が変わるのを防ぐため、切ったらさっと水にさらすが、切ってすぐ炒める場合は水にさらさなくてOK。

Memo

レンジ加熱？ それとも普通にゆでる？

ゆでたほうがアクが抜けるが、少量の調理や火を通すための下ゆでなどには電子レンジを使ったほうが便利。

おいしい
食べ方

1

ごぼうの香りが調味料で引き立つ

ささがきごぼうの土佐酢炒め

材料 （2人分）

ごぼう…150g

A
- 酢…大さじ1
- 砂糖…小さじ1
- しょうゆ…小さじ½
- 塩…少々

かつお節…½パック（2g）

ごま油…小さじ1

作り方

1 ごぼうはささがきにし、水にさっとさらして水けをきる。

2 フライパンを中火で熱し、1を入れて水けが飛ぶまで炒め、ごま油を加えて炒める。**A**を加えて弱火にし、汁けがなくなるまで炒め合わせ、かつお節を加えて混ぜる。

酢を加えて
さっぱりと

おいしいPOINT

土佐酢とは三杯酢（酢、しょうゆ、みりんまたは砂糖）にかつおだしを加えたもので、酸味が抑えられてまろやかになる。土の香りがするごぼうにかつお節の旨みをプラスして風味よく。

ごぼうの
ケチャップソース煮

ごぼうの強い風味に負けない濃厚なケチャップ＆ウスターソースの味つけ。バターのコクもプラスして、冷めてもおいしい味つけに。お弁当にもぴったり。

こってり
味つけ

2
味つけでごぼうの旨みをさらに濃厚に

材料 （2人分）

ごぼう … 150g
水 … ½カップ
顆粒コンソメ … 小さじ½
Ⓐ バター … 10g
トマトケチャップ … 大さじ1
ウスターソース … 小さじ1

作り方

1 ごぼうは縦半分に切って2〜3cm長さに切り、水にさっとさらして水けをきる。

2 鍋に1、水、コンソメを入れて蓋をして中火にかけ、煮立ったら弱火にして7〜8分煮る。Ⓐを加え、さらに7〜8分煮る。蓋を取って中火にし、時々混ぜながら煮汁をごぼうに絡める。

チーズ味も
意外と合う

3
クリームチーズをゆでごぼうに絡める

材料 （2人分）

ごぼう … 150g
Ⓐ 酢 … 小さじ1
しょうゆ … 小さじ½
塩・こしょう … 各少々
クリームチーズ … 30g
白すりごま … 小さじ1

作り方

1 ごぼうはせん切りにし、水にさっとさらして水けをきる。鍋に湯を沸かしてごぼうを入れ、煮立ったら弱火にして1〜2分ゆでる。水けをきってⒶと和え、粗熱をとる。

2 1、クリームチーズ、白すりごまを混ぜ合わせる。

ごぼうサラダ

ごぼうサラダといえば、マヨネーズやヨーグルトを使うことが多いが、このレシピではクリームチーズを使用。ごぼうの旨みにチーズの旨みを重ね、うなるおいしさに。

青首大根

Data

旬	11～3月
特徴	円筒形で根の太さが均一。白い根茎は淡色野菜、葉は緑黄色野菜
味	パリパリとしてさっぱり甘くてみずみずしい

Good!
葉の色が
濃い緑色

赤大根

Data

旬	11～2月
特徴	皮が赤く、中は白いもの、中も赤いものなどさまざまな品種がある
味	食感はパリパリとしてかためで辛みが少ないものが多い

Good!
色が白くて
太い

Good!
ひげ根が
少ない

大根

煮ても、炒めても、焼いても、生でもおいしい万能野菜。

主な栄養成分

（葉）β-カロテン、カルシウム

（根茎）イソチオシアネート、ビタミンC

根茎に含まれるイソチオシアネートは抗酸化作用のある辛み成分で、生活習慣病予防に。葉はβ-カロテンやカルシウムなど栄養豊富。

トリビア

青首大根の栽培が多いのは？

各地に独自の品種がある大根のなかで、青首大根は大きさがそろっていて扱いやすく、抜きやすいなどの理由で最も栽培されている。

保存方法

切ったものはラップをして冷蔵保存

丸ごとの場合は、葉を切り落とし、新聞紙で包んで冷蔵室で保存。切ったものは、ラップでぴっちり包んで冷蔵室で立てて保存。

154

おいしさを生かす**下ごしらえ**

皮は厚めにむくのが基本

皮の近くは筋っぽいので、切り口を見たときに色が違うところを目安に厚めにむく。

Memo

皮はもったいないのできんぴらやかき揚げに

むいた皮も食べられるので、捨てずにせん切りや細切りにし、きんぴらやかき揚げにする。

ピーラーで薄いリボン状にすればサラダにぴったり

ピーラーを使えば、ごく薄切りもラクにできる。みずみずしい食感で、サラダにするとおいしい。

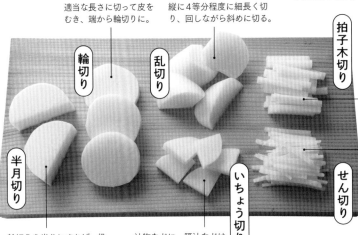

適当な長さに切って皮をむき、端から輪切りに。

縦に4等分程度に細長く切り、回しながら斜めに切る。

輪切り

乱切り

拍子木切り

5cm程度の長さに切り、縦に5mm厚さに薄く切って縦に5mm幅に切る。

半月切り

いちょう切り

せん切り

5cm程度の長さに切り、縦に薄く切り、少しずつずらして縦に切る。

輪切りを半分にすれば、扱いやすい大きさに。煮物などに。薄く切って生食にも。

汁物などに。豚汁などは厚めに切るとおいしい。

おいしさを生かす**調理法**

下ゆではレンジ加熱で

片面に十字に隠し包丁を入れ、耐熱皿に重ならないように並べる。水大さじ3を加え、ふんわりとラップをかけて加熱する。

加熱の目安時間

電子レンジなら100gあたり**2分30秒**

炒めるなら**3分**

煮るなら（厚め／下ゆでなし）**10〜15分**

焼くなら（下ゆであり）**4分**

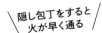

隠し包丁をすると火が早く通る

油でじっくり焼くと甘くてジューシーな味わいに

大根を焼くと水分が抜けて甘みが凝縮される。レンチンで下ゆでしておけば、火の通りも早い。

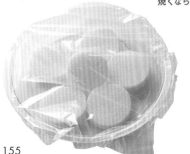

大根のバターしょうゆ焼き

材料 （2人分）

大根… 250g
Ⓐ ┌ しょうゆ…小さじ2
　└ みりん…小さじ1
バター… 10g

作り方

1 大根は1〜2cm厚さの輪切りにし、片面に十字に隠し包丁を入れる。深めの耐熱皿に入れて水大さじ3（分量外）を加え、ラップをかけて電子レンジで4分加熱し、水けをきる。

2 フライパンにバターを中火で熱し、**1**を入れて両面を焼き色がつくまで焼き、Ⓐを加えて絡める。

1

香ばしく焼いて旨みを凝縮する

こんがりと
焼いて

おいしいPOINT

大根は1cm強くらいの厚さに。フライパンに入れてからは焼き色をつける程度なので、レンチンしたときに様子を見て、まだかたいようなら加熱時間をプラスして。

2 大根をみずみずしく炒める

大根のたらこきんぴら

食感も楽しんで

材料 （2人分）

大根…150g
たらこ…30g
赤唐辛子…½本
酒…小さじ2
塩…少々
オリーブオイル…小さじ1と½

作り方

1 大根は拍子木切りにする。たらこは薄皮を取り除いてほぐし、赤唐辛子は輪切りにする。

2 フライパンにオリーブオイルを中火で熱し、大根、赤唐辛子を入れて炒める。たらこ、酒を加えて炒め合わせ、塩で味をととのえる。

おいしいPOINT

5mm角の拍子木切りにした大根は、炒めるとジューシーな食感。たらこがまぶされたきんぴらはピリッとした辛さで、ごはんにもお酒にも合う一品に。

3 薄く切って短時間で煮込む

ひらひら大根と豚バラの煮物

やさしい味わい

材料 （2人分）

大根…200g
しょうが…薄切り2枚
豚バラ薄切り肉…100g
Ⓐ ┌ だし汁…½カップ
　 │ 酒…大さじ2
　 │ しょうゆ…大さじ1
　 └ 砂糖…小さじ1

作り方

1 大根はピーラーで薄切りにし、しょうがはせん切りにする。豚肉は3〜4cm幅に切る。

2 鍋にしょうが、Ⓐを入れて中火にかけ、豚肉を加えてほぐすように混ぜる。大根を加え、煮立ったら蓋をして弱火で7〜8分煮る。

おいしいPOINT

分厚く切った大根は煮込むのに時間がかかるが、ピーラーで薄く切れば、煮物もあっという間に。ひらひらの大根と豚バラ薄切り肉で、おいしく、手軽にできて時短にも。

にんじん

Data	
旬	9〜11月
特徴	鮮やかなオレンジ色の根菜で煮崩れしにくい
味	クセのある香りと甘みが特徴

主な栄養成分

β-カロテン、ビタミンC

カロテンの含有量はトップクラス。免疫力をアップさせ、活性酸素による酸化を防止。ビタミンCも多いので美肌にも効果的。

トリビア

多く出回ってるのは東洋種？ 西洋種？

現在、一般的に流通している東洋種は金時にんじんくらいで、多くは西洋種。

クミンやカレー粉などのスパイスや、バジルなどのハーブとの相性の良さ楽しんで。

Good!
葉のつけ根が小さい

Good!
表面がなめらかでツヤがある

Good!
ひげ根が少ない

保存方法

新聞紙＆ポリ袋で冷蔵保存

水けを拭き取って新聞紙で1本ずつ包み、ポリ袋に入れて冷蔵室で立てて保存。切ったものは、ラップでぴっちり包み、冷蔵室へ。

158

おいしさを生かす下ごしらえ

まずはヘタと下の部分を切り落とす

ヘタの部分は少し厚めに切り、下は少しでよい。

細切りにしたにんじんは塩でもむと味がなじみやすい

塩でもんで少しおき、水けを絞ると余分な水分が抜けて、調味料がなじみやすい。

輪切り
端から均等な厚さに切る。グラッセや煮物に。

半月切り
縦半分に切って端から薄切り。

リボン状
ピーラーで薄くスライスする。

短冊切り
長さを切ってから均等な厚さに切ったものを横にして薄切り。

スティック状
にんじんの太さにもよるが、縦に4～6等分に切る。

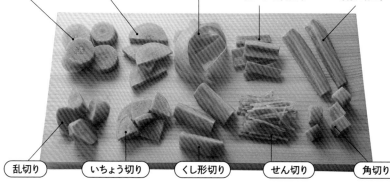

乱切り
細い部分は回しながら斜めに切り、太い部分は細長く切ってから。

いちょう切り
縦に4等分に切ってから薄切り。

くし形切り
長さを切ってから半分に切って放射状に切る。

せん切り
短冊切りを細切りにするか、縦半分に切って斜め薄切りにしてから細切りに。

角切り
拍子木切りにしてから立方体に切る。

おいしさを生かす調理法

下ゆでするならレンジ加熱で

耐熱皿に水大さじ2と一緒に入れてふんわりとラップをかけ、100gあたり1分30秒加熱する。

カラメルっぽいほろ苦い味にも合う

砂糖を焦がしたものがカラメル。鍋で砂糖を焦がしたところににんじんを入れる。

焼くときはカリッと香ばしく

レンジで加熱しておき、表面を焼いて焼き色をつける程度でOK。

加熱の目安時間

電子レンジなら100gあたり
1分30～50秒
炒めるなら **3～4分**　煮るなら **7～8分**
焼くなら（下ゆであり）**4分**

159

にんじんのスパイシー焼き

材料 （2人分）

にんじん…小1本（120g）
クミンシード…少々
しょうが…薄切り2枚
A［ レモン汁・しょうゆ
　　…各小さじ1
　　こしょう…少々
オリーブオイル…小さじ1

作り方

1 にんじんは縦6〜8等分のスティック状に切り、深めの耐熱皿に入れて水大さじ2（分量外）を加え、ラップをかけて電子レンジで1分40秒加熱し、水けをきる。クミンは粗く刻む。しょうがはみじん切りにする。

2 フライパンにオリーブオイルを中火で熱し、にんじんを入れて表面を焼く。クミン、しょうがを加えて炒め、Aを加えて炒め合わせる。

1 レンチンして炒め合わせる

クミンが
よく合う！

おいしいPOINT

長いにんじんの場合、食べやすい長さに切る。
クミンシードがなければ、クミンパウダーを。
その場合は、Aと一緒に加える。にんじんは
レンチンしているので、表面を焼く程度で。

160

にんじんの
バジル風味ラペ

材料　（2人分）

にんじん…小1本（120g）
塩…小さじ⅕
バジル…2枚
Ⓐ
オリーブオイル
　…小さじ2
レモン汁…小さじ2
パルメザンチーズ
　…小さじ2
にんにく（みじん切り）
　…少々
塩・こしょう…各少々

作り方

1 にんじんはせん切りにし、塩をふって5分ほどおき、軽く水けを絞る。バジルはみじん切りにする。

2 Ⓐを混ぜ合わせ、**1**と和える。

バジルが
さわやか

おいしいPOINT

にんじん独特の風味には、ハーブやスパイスを。バジル、レモン、チーズ、にんにくを加えたラペは、にんじんをさわやかに。生のバジルの代わりにドライバジル適量でも。

さらっと
甘く

にんじんの
カラメル風味グラッセ

材料　（2人分）

にんじん…小1本（120g）
砂糖…大さじ1
Ⓐ
水…½カップ
バター…10g
塩…少々

作り方

1 にんじんは1cm厚さの輪切りにする。

2 鍋に砂糖を入れて弱火にかけ、きつね色になるまで焦がす。**1**、Ⓐを加え、煮立ったら蓋をして弱火で7〜8分煮る。蓋を取って中火にし、煮汁を煮詰め、塩で味をととのえる。

おいしいPOINT

鍋に砂糖を入れてカラメルを作るときは、弱火にして焦がす。焦がしすぎると、苦くなってしまうので、きつね色を目安に。最後は煮汁を飛ばして煮詰める。

れんこん

ほくほく、もっちり、パリパリなど、調理法によって食感が変わる！

主な栄養成分

ビタミンC、食物繊維

抗酸化作用のあるビタミンCが豊富で、美肌づくりや風邪予防に効果的。食物繊維も多く含まれ、便秘の改善にも。

Data

旬	11〜3月
特徴	地下茎の部分。節があり、楕円形
味	新れんこんはみずみずしく、成熟すると粘りと甘み

Good!
皮が薄茶色でみずみずしい

Good!
ふっくらと肉厚

Good!
切り口や穴が変色していない

断面

トリビア

蓮田と呼ばれる泥の中で成長する

スイレン科のハスの地下茎で、食用のものをれんこんと呼ぶ。泥の中で成長する。

保存方法

新聞紙＆ポリ袋で冷蔵保存

丸ごとの場合は、新聞紙で包み、ポリ袋に入れて冷蔵室で立てて保存。切ったものは、ラップで包んでポリ袋に入れ、冷蔵室で保存。

おいしさを生かす下ごしらえ

皮をむくときはピーラーで

包丁よりピーラーを使ったほうがラクにむける。

デコボコしているところは包丁でむく

ピーラーでむけなかったところは、包丁を使って取り除く。包丁の刃元（柄に近いほう）を使うとむきやすい。

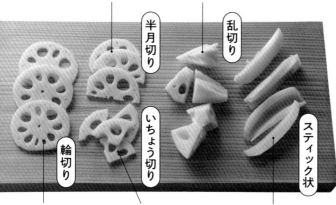

れんこんを半分に切り、端から切る。

れんこんを縦に4等分にして回しながら斜めに切る。

半月切り

乱切り

いちょう切り

輪切り

スティック状

横にして端から切る。れんこんが動きやすいので気をつけて切る。

4等分に切って端から薄切り。

長さを切ってから縦半分に切り、端から縦に切る。

すりおろすともちもち食感に

すりおろして水けをきると、もっちりする。すりおろした後の色の変化などはあまり気にしなくてもよいが、早めに使いきる。

おいしさを生かす調理法

ゆでるならシャキシャキくらいの食感で

れんこんの厚さにもよるが、シャキシャキ感を残すのであれば、2〜4分ゆでるくらいで。

Memo

長めに煮るとほくほくしておいしい

長めに煮ると、ほくほくして甘みが出る。煮崩れもしにくいので長めに煮るのがおすすめ。

薄切りで炒めればパリパリの食感に

薄切りにして炒めるとパリパリの食感になる。厚めに切ると火が通るのに時間はかかるが、ほくほくとした食感に。

加熱の目安時間

ゆでるなら **2〜4分**
炒めるなら **3〜4分**
煮るなら **12〜15分**

おいしい
食べ方

1

香ばしく焼いて旨みを凝縮する

梅味を
きかせて

れんこんの梅オイスター炒め

材料 （2人分）

れんこん…150g
梅干し…½個
にんにく…薄切り2枚
A [酒…大さじ1
オイスターソース…小さじ1
サラダ油…小さじ1と½

作り方

1 れんこんは薄い半月切りにする。梅干しは種を取り除いて細かくたたき、にんにくはみじん切りにする。

2 フライパンにサラダ油を中火で熱し、れんこん、にんにくを入れて炒め、梅干し、Aを加えて炒め合わせる。

おいしいPOINT

薄めに切って焼くとパリッとした食感になる。れんこんに火が通ったら、調味料を加えて絡めるように炒め合わせる。梅干しの酸味とにんにくの風味のバランスがよい。

れんこんの緑酢和え

材料 （2人分）

れんこん…100g
キウイフルーツ…小1個
A [砂糖・酢…各小さじ1
  [塩…少々

作り方

1 れんこんはいちょう切りにする。鍋にかぶるくらいの水とともに入れて中火にかけ、煮立ったら弱火にして2〜4分ゆで、水けをきって冷ます。

2 キウイフルーツは芯を取り除いてつぶし、Aを加えて混ぜ、1と和える。

2 フルーツの酸味でれんこんを和える

キウイで
色鮮やかに

おいしいPOINT

れんこんは、キウイなどの甘酸っぱいものとの相性がよく、予想以上のおいしさ。キウイの白い芯の部分はつぶれにくいので、取り除いてからつぶす。

おろしれんこん汁

おいしいPOINT

れんこんは、すりおろすことで食べやすくなる。胃が疲れたなと感じるときや風邪気味のときにおすすめの口あたりのやさしい汁物。

材料 （2人分）

れんこん…50g
木綿豆腐…100g
だし汁…1と½カップ
A [しょうゆ…小さじ½
  [塩…小さじ¼
小ねぎ…2本

作り方

1 れんこんはすりおろす。豆腐は1.5cm角に切り、小ねぎは小口切りにする。

2 鍋にだし汁を入れて中火にかけ、煮立ったら豆腐を加える。再び煮立ったられんこんを加えて煮立たせ、Aで味をととのえる。器に盛り、小ねぎを散らす。

3 すりおろしてやさしい食感にする

ほっとする
味の汁物

さつまいも

ねっとり、ほくほくの食感などさまざま。甘みをグッと引き出す調理のポイントを押さえて。

シルクスイート

Data

旬	9〜11月
特徴	紡錘型で、皮は鮮やかな濃い赤紫色で、果肉の色はクリーム色
味	しっとりしたなめらかな食感で、甘みが強い

主な栄養成分

ビタミンC、食物繊維

食物繊維が豊富で、腸内環境を整える効果があり、便秘改善に。熱に強く、水に溶けにくいビタミンCが豊富なのも特徴。

Good!
皮は赤紫色で鮮やか

紅あずま

Data

旬	9〜11月
特徴	繊維質が少なく、でんぷん質が多い。皮の色は少し紫がかった赤色で果肉の色は黄色い
味	ほくほくとした食感で濃厚な甘みと香り

Good!
ふっくらとしたもの

Good!
傷や黒ずみがないもの

トリビア
コロンブスが持ち帰った

原産地は中米で、コロンブスがスペインに持ち帰って世界中に広まったそう。日本には琉球（沖縄県）から薩摩（鹿児島県）に伝わった。

保存方法
新聞紙で包み、冷暗所で保存

1本ずつ新聞紙で包み、冷暗所でそのまま保存するか、ポリ袋に入れて野菜室で保存。

おいしさを生かす下ごしらえ

上下のかたいところを切り落とす

切ったときに初めから黒いところは、低温障害で傷んでいる可能性がある。味も悪いので取り除く。

でんぷんを落とすために水をさらす

さつまいもに含まれるでんぷんを落としたり、変色を防ぐために水にさらす。3分程度を目安に。

煮物などに。薄く切って揚げるとさつまいもチップスに。

拍子木切りより細く、5mm角くらい。

縦に半分に切って端から切る。煮物などに。

輪切り

マッチ棒切り

半月切り

斜め切り

拍子木切り

乱切り

さつまいもを回しながら斜め切り。

天ぷらなどに。8mm〜1cmくらいの厚さにして揚げるとほくほくに。

長さを切ってから、1cm厚さに切り、1cm幅に切る。

おいしさを生かす調理法

レンジでもおいしく蒸せる

半分に切ってラップで包み、100gあたり1分50秒を目安に加熱。かたいようであれば、加熱時間を追加。

加熱の目安時間

電子レンジなら
100gあたり　**1分50秒**
煮るなら　**10分**
炒めて蒸し焼きなら　**4分**

カリッと炒めてほくほくとした食感に

細めに切ると火の通りも早い。さつまいもだけを先に炒めて水分を飛ばす。

皮がやわらかいので皮つきのまま煮る

むかずに調理してそのまま食べる。さつまいもの皮や皮のすぐ下にある栄養素も摂取できる。

167

1

2種類の甘みが
引き立て合う

甘納豆が
アクセント

さつまいものいとこ煮

材料　（2人分）

さつまいも… 200g
小豆甘納豆… 50g
Ⓐ ┌ 水… ½カップ
　 │ みりん… 小さじ1
　 └ しょうゆ… 小さじ1

作り方

1　さつまいもは皮ごと2cm厚さの輪切りにし、水にさらして水けをきる。

2　鍋に1、Ⓐを入れて中火にかけ、煮立ったら甘納豆、しょうゆを加え、蓋をして弱火で10分ほど煮る。

おいしいPOINT

小豆は豆から煮るのではなく、市販の甘納豆を使うのでラクチン。少ししょうゆを加えることで甘さが引き立つ。

さつまいもの
ピーナッツ和え

レンチンで
簡単に

2

ピーナッツで
食感にアクセントを

材料 （2人分）

さつまいも … 200g
炒りピーナッツ … 8粒
Ⓐ ┌ ピーナッツバター
 　（無糖）
 　… 大さじ1
 ├ 砂糖・しょうゆ
 └ … 各小さじ1

作り方

1 さつまいもは皮ごと半分に
切って切り口をさっと洗い、
ラップに包んで電子レンジ
で3分40秒加熱する。そ
のまま冷まして食べやすい
大きさに切る。ピーナッツ
は薄皮をむいて粗く刻む。

2 Ⓐを混ぜ合わせ、**1**と和え
る。

おいしいPOINT

レンチンで火を通し、ラップをしたまま冷ます。
細ければ輪切り、太い場合は半月切りなどにす
る。ピーナッツバターは、加糖だと甘くなりす
ぎるので無糖のものを。

洋風
きんぴら

3

チーズの塩けで
甘さが引き立つ

さつまいもの
チーズおかかきんぴら

材料 （2人分）

さつまいも … 150g
しょうゆ・みりん … 各小さじ1
Ⓐ ┌ パルメザンチーズ … 小さじ2
 ├ 黒いりごま … 小さじ1
 └ かつお節 … ½パック（2g）
サラダ油 … 小さじ1と½

作り方

1 さつまいもは皮ごとマッチ棒切
りにし、水にさっとさらして水
けをきる。

2 フライパンを中火で熱し、**1**を
入れて水けが飛ぶまで炒め、サ
ラダ油を加えてさらに炒める。
蓋をして弱火にし、時々混ぜな
がら2分ほど蒸し焼きにする。
蓋を取って中火にし、しょうゆ、
みりんを加えて炒め合わせ、Ⓐ
を加えてさっと炒める。

おいしいPOINT

最初にさつまいもだけを炒めてしっかり水けを
飛ばすとカリッと仕上がる。調味料を入れて炒
めるときは崩れないようにやさしく混ぜる。

里いも

レンジ加熱してから皮をむくと簡単！煮物は下ゆでしてから。

土垂（どだれ）

Data

旬	9〜12月
特徴	ころんとした楕円形。煮崩れしにくい
味	甘くてコクがある。粘りがあり、やわらかい

断面

Good!
泥つきで湿っている

主な栄養成分

ガラクタン、カリウム

ぬめり成分ガラクタンは血中コレステロールを低下させ、血糖値の上昇を抑制。カリウムも豊富で高血圧予防にも。

石川早生（いしかわわせ）

Data

旬	9〜11月
特徴	小さめの球形 サイズに統一感がある
味	ぬめりが強く、やわらかく、淡白な味わい

断面

Good!
縞模様が等間隔ではっきりしている

Good!
おしりがかたく締まっている

トリビア

里で栽培されるから里いも

原産地はインド〜東南アジア。日本には縄文時代に。山でとれる自然薯に対し、里で栽培されるので里いもといわれる。

保存方法

新聞紙をかけて冷暗所で保存

新聞紙をしいた段ボールに並べ、その上に新聞紙をかけて冷暗所で保存。

おいしさを生かす下ごしらえ

皮の泥はたわしで水洗いを

たわしを使えば、泥も落としやすい。皮ごとレンチンするときはとくによく洗う。

上下を切り落とし、皮をむく

上下を切り落としてから、縦に皮をむく。

ぬめりを落とすには塩もみがおすすめ

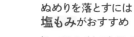

切ってからボウルなどに入れ、塩適量を加えてもむ。ぬめりが出るので、水で洗い流し、水けをきる。

輪切り
皮をむいたら横にして切る。滑りやすいので気をつけて。

半分または4等分の乱切りなど、一口大に。
乱切り

拍子木切りにして立方体に切る。
角切り

半月切り
縦半分に切って端から切る。汁物などに。

縦半分切り
上にみそをのせたりする場合に。

おいしさを生かす調理法

レンジ加熱してから皮をむくとラク

ラップで包んで100gあたり1分50秒を目安に。粗熱がとれたら手で皮をむき、取りきれない場合は包丁で。

Memo

みそ田楽を
簡単に作る

レンジ加熱して皮をむき、縦半分に切ってみそをのせ、オーブントースターで焼く。

煮物は下ゆでしてから

吹きこぼれにくく、味を染みやすくするため、煮物にする場合は、水から入れて沸騰後2分ほど下ゆでする。

加熱の目安時間

下ゆでなら **2分**
煮るなら **14〜15分**

おいしい
食べ方

1 下ゆでした里いもに煮汁の旨みを煮含める

里いもとねぎと油揚げの煮物

材料 （2人分）

里いも
　…4個（皮つき400g）
長ねぎ…½本
油揚げ…1枚
Ⓐ[だし汁…1カップ
　酒…大さじ1
　砂糖…小さじ1]
しょうゆ…小さじ1と½
塩…小さじ¼

作り方

1 里いもは乱切りにする。鍋にかぶるくらいの水とともに入れて中火にかけ、煮立ったら弱火にして2分ほどゆで、ぬめりを洗い流す。長ねぎは2cm長さに切り、油揚げは縦半分に切ってから1.5cm幅に切る。

2 鍋に**1**、Ⓐを入れて中火にかける。煮立ったら弱火にして蓋をし、7〜8分煮る。しょうゆ、塩を加えてさらに7〜8分煮る。

やわらかく
煮込んで

おいしいPOINT

定番の煮物に長ねぎを加えることで、旨みがプラスされる。油揚げからじゅわっと染み出す煮汁もおいしい。すぐ食べられるが、しばらくおくことでさらに味が染みる。

172

里いもの
のりみそ田楽

材料 （2人分）

里いも … 3個（皮つき300g）
Ⓐ ┌ みそ・みりん … 各大さじ1
　 └ 青のり … 小さじ1

作り方

1　里いもはよく洗って皮つき
　のまま1個ずつラップに包
　み、電子レンジで3分加熱
　し、上下を返してさらに2
　分加熱する。そのまま冷ま
　して皮をむき、上下を切り
　落として縦半分に切る。

2　Ⓐを混ぜ合わせて1の切り
　口にぬり、オーブントース
　ターで10分ほど焼く。

2 レンチンしてすっと皮をむく

青のりで
さわやかに

おいしいPOINT

レンチンは3個まとめてでOK。途中で上下を
返して均等に熱が通るようにする。ラップをし
たまま冷まし、手で皮をむく。むきにくい場合
は包丁を使って取り除く。

里いもチャウダー

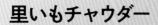
おいしいPOINT

ボイルしたミニほたてを使って旨みを出す。小
麦粉を使わなくても、里いもを入れることで自
然ととろみがつく。ほたてはかたくならないよ
うに最後に加える。

材料 （2人分）

里いも … 2個（皮つき200g）
玉ねぎ … ¼個
バター … 10g
Ⓐ ┌ 水 … 1カップ
　 └ 顆粒コンソメ … 小さじ¼
ミニほたて（ボイル）… 80g
牛乳 … 1カップ
塩・こしょう … 各少々

作り方

1　里いもは食べやすい大きさの
　角切りにし、塩（分量外）で
　もんでぬめりを洗い流す。玉
　ねぎは1.5～2cm角に切る。

2　鍋にバターを中火で熱し、1
　を入れて炒める。Ⓐを加え、
　煮立ったら蓋をして弱火で
　10分ほど煮る。ミニほたて、
　牛乳を加えて煮立たせ、塩、
　こしょうで味をととのえる。

3 里いもでスープにとろみを出す

とろとろ
食感の汁物

じゃがいも

ほくほくも、ねっとりもどっちもおいしい。

男爵（だんしゃく）

Data

旬	9〜11月
特徴	丸型で表面がゴツゴツしていて、中は白い
味	ほくほくとした食感でほのかに甘みがある

Good!
表面が乾いている

主な栄養成分

ビタミンC、食物繊維、カリウム

熱に強いビタミンCが多く、老化防止や美肌づくりに。また、食物繊維が非常に豊富。カリウムも多く、塩分の排出に役立つ。

保存方法

新聞紙で包み、冷暗所で保存

新聞紙で包み、冷暗所で保存。りんごを一緒に入れるとエチレンガスで発芽を防げる。

新じゃが

Data

旬	4〜6月
特徴	皮が薄く、水分が多い最近では大きいものが主流
味	みずみずしくてやわらかく、香りがよい

Good!
重量感があるもの

メークイン

Data

旬	9〜11月
特徴	楕円形でくぼみが浅く、中は淡い黄色
味	舌ざわりがなめらかで、ねっとりとしてほのかな甘み

Good!
しっかりとしたかたさがある

にしゆたか

Data

旬	9〜11月
特徴	楕円形で皮はなめらか中は淡い黄色
味	ねっとりとした食感で、あっさりとした味わい

おいしさを生かす 下ごしらえ

芽が出ていたら**刃元**で取る

皮は**ピーラー＆包丁**でむく

水にさらして表面の
でんぷんを落とす

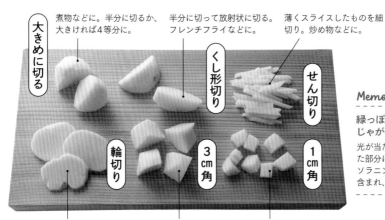

大きめに切る
煮物などに。半分に切るか、大きければ4等分に。

くし形切り
半分に切って放射状に切る。フレンチフライなどに。

せん切り
薄くスライスしたものを細切り。炒め物などに。

輪切り
大きい場合は半分に切ってから薄切りに。

3cm角
スープやゆでてサラダなどに。

1cm角
スープなどに。

Memo

緑っぽい
じゃがいもは避ける
光が当たって緑色になった部分には、天然毒素のソラニンやチャコニンが含まれ、食中毒のもとに。

加熱の目安時間

ゆでるなら **10**分
炒めるなら せん切りを弱火 **3〜4**分
煮るなら **10**分
電子レンジなら 100gあたり **2**分

おいしさを生かす 調理法

**じゃがいもを入れてから
火にかける**

じゃがいもは熱い煮汁に入れると煮崩れの原因になるので、煮汁にじゃがいもを入れてから火にかける。

**水にさらさずに
煮るととろみになる**

じゃがいものでんぷんは、片栗粉の原料にもなっていて、水にさらさずに使うと、とろみが出る。

**ゆでるときは
水から**

沸騰した湯に入れてゆでると、じゃがいもの表面と中心で火の通りに差が出て表面が煮崩れしやすくなる。

**ゆでたじゃがいもは
水分を飛ばす**

ザルに上げて水けをきり、鍋に戻してゆすりながら軽く火にかけて水分を飛ばすと、水っぽさがとれる。

おいしい
食べ方

1

じゃがいもは好みの煮崩れ具合に仕上げる

ほっこり
和む味わい

いかじゃが煮

材料 （2人分）

じゃがいも … 2個（300ｇ）
いか … 小1杯
Ⓐ┌ 酒 … 大さじ3
　├ しょうゆ … 大さじ1
　└ 砂糖 … 大さじ½
水 … ½カップ

作り方

1 じゃがいもは一口大に切り、水にさらして水けをきる。いかはワタを取り、胴は1cm幅の輪切りにし、足は食べやすい長さに切る。

2 鍋にⒶを入れて中火で煮立て、いかを加えて混ぜながら2〜3分煮て火を通し、一度取り出す。残った煮汁に水、じゃがいもを加えて中火にかけ、煮立ったら蓋をして弱火で10分ほど煮る。じゃがいもがやわらかくなったらいかを戻し入れ、ひと煮立ちさせる。

おいしいPOINT

いかはさっと煮て煮汁に旨みを出したら、かたくならないように一度取り出し、最後に戻す。じゃがいもによって煮崩れ具合が違うので、好みの具合に仕上げて。

176

じゃがいもの
クリームグラタン

**あつあつを
どうぞ！**

材料　（2人分）

じゃがいも … 2個（300g）
┌ 牛乳 … 1カップ
└ にんにく … 薄切り2枚　Ⓐ
塩 … 小さじ¼
こしょう … 少々
ピザ用チーズ … 40g

作り方

1 じゃがいもは5mm厚さの輪切りにする（水にさらさない）。鍋にじゃがいも、Ⓐを入れて中火にかけ、煮立ったら弱火で10分ほど、じゃがいもがやわらかくなるまで煮て塩、こしょうをふる。

2 耐熱の器に**1**を入れ、ピザ用チーズを全体にかけ、220℃に予熱したオーブンで15分ほど焼く。

2
**じゃがいもは水にさらさず
でんぷんを小麦粉代わりに**

おいしいPOINT

水にさらさないで使えば、じゃがいものでんぷんでとろみがつくので、小麦粉を使わなくてもクリーミーな仕上がりに。じゃがいもとにんにくを一緒に煮て風味づけを。

材料　（2人分）

じゃがいも … 大1個（200g）
きゅうり … 1本
塩 … 少々
ゆで卵 … 1個
アボカド … ½個
マヨネーズ … 大さじ2
塩・こしょう … 各少々

作り方

1 じゃがいもは6等分に切ってさっと水にさらす。鍋にかぶるくらいの水とともに入れて中火にかけ、煮立ったら弱火でやわらかくなるまでゆでる。ゆで汁を捨てて中火にかけ、混ぜながら水けを飛ばし、粗く割って冷ます。きゅうりは小口切りにし、塩をふって5分ほどおいて水けを絞る。ゆで卵は粗みじん切りにする。

2 アボカドはスプーンなどで粗くつぶし、マヨネーズと混ぜ合わせる。**1**を加えて混ぜ、塩、こしょうで味をととのえる。

**やみつき
クリーミー**

3
グリーンポテトサラダ

**水分を飛ばして
水っぽくなく仕上げる**

おいしいPOINT

じゃがいもは水分を飛ばしてから粗く割る。割り具合はお好みで。大きく割れば、ごろっとした存在感が出る。アボカドをマヨネーズと混ぜることで、変色を防ぎ、味もなじむ。

山のいも

唯一、生で食べられるいも。加熱でほくほく、すりおろしてとろとろのおいしさ！生でシャキシャキ、

長いも

Data

旬	3〜4月　11〜12月
特徴	円筒形で、長さは50〜80cmくらい
味	水分が多く、淡白で粘りけが少ない

主な栄養成分

アミラーゼ、食物繊維

消化酵素のアミラーゼが多いため、糖質の消化を促進。エネルギー代謝が高まり、スタミナアップ。食物繊維も豊富で便秘解消に。

断面

トリビア

長いもは保湿性の高いおがくずに包まれて保存される

長いもを湿気と乾燥から守ってくれるので、出荷するときにおがくずを入れた箱で出荷されることが多い。

Good!
皮にハリがあり、ヒゲが多い

やまといも

Data

旬	12〜3月
特徴	いちょうの葉のような形をしていて、デコボコしている
味	濃厚な味わいで、強くねっとりとした粘りけがある

Good!
ずっしりと重いもの

真空パックで売られているものも多い！

Good!
デコボコが少なく、太さが均一

保存方法

キッチンペーパー＆ポリ袋で冷蔵保存

キッチンペーパーで包んでポリ袋に入れ、冷蔵室で保存する。

178

皮をむくのは
ピーラーがラク

ピーラーが断然ラク。縦にすーっとむく。かゆくなる場合は、直接触れないでキッチンペーパーを巻く。

ひげ根は直火で
焼いて取る

皮つきのまま調理するときは、ガスの直火でひげ根を焼いて黒くなったら、水で洗い流す。

すりおろすのが苦手なら
たたくのがおすすめ

かゆくなる場合は、すりおろさないで、ビニール袋に入れて麺棒などで細かくたたく。

Memo

かゆくなったら

かゆくなる原因のシュウ酸カルシウムは、熱と酸に弱いので、お湯に手をつけるか、お酢で洗う。

大きめに切る

煮物などは大きいほうがおいしい。長さを切って縦半分に切る。

拍子木切り

長さを切ってから1cm程度の厚さに切り、1cm幅に切る。炒め物などに。

輪切り

焼くときなどに。

せん切り

和え物など生で食べるときに。

煮るときは長めがおいしい

弱火でゆっくり煮ると、ほくほくとした食感に。シャキシャキとした生とはまた違っておいしい。

Memo

皮つきのまま食べるなら
多めの油で調理がおすすめ

皮には少ししぶみがあるので、多めの油で揚げ焼きにするとよい。

加熱の目安時間

焼くなら	3〜4分
炒めるなら	3〜4分
煮るなら	10〜15分

油が少なめのときは
皮をむいて炒める

少ない油で炒め物などにするときは、皮はむいたほうが食感がよくなり、調味料もよくなじむ。

長いもの豆板醤炒め

材料 (2人分)

長いも…200g
長ねぎ…3cm
にんにく…薄切り2枚
豆板醤…小さじ¼
しょうゆ…小さじ1
ごま油…大さじ½

作り方

1 長いもは3〜4cm長さの拍子木切りにし、長ねぎ、にんにくはみじん切りにする。

2 フライパンにごま油を中火で熱し、長いもを入れて炒める。油が回ったら長ねぎ、にんにく、豆板醤を加えて炒め、香りが立ったらしょうゆを回し入れて炒め合わせる。

おいしい
食べ方

1 シャキシャキ感を残して炒める

後引く
辛さ

おいしいPOINT

生でも食べられる長いもは、火の通りを心配しなくていいのでラク。中のシャキシャキ具合が絶妙な、香味野菜と豆板醤のきいたピリ辛炒め。

180

長いものだし煮

材料 （2人分）

長いも… 250g
- A
  - だし汁…¾カップ
  - みりん…大さじ1
  - 塩…小さじ⅓

作り方

1. 長いもは3㎝長さに切り、縦に4等分に切る。

2. 鍋に**1**、**A**を入れて中火にかけ、煮立ったら蓋をして弱火で長いもがやわらかくなるまで10〜15分煮る。

味つけは
シンプルに

2 大きめに切ってとろとろに仕上げる

おいしいPOINT

長めに加熱すると、生とはまったく違う食感に。ねっとり、とろとろした食感は、まさに「いも」。だしとみりん、塩だけのシンプルな味つけで、長いもの甘さを味わう一品。

たたき長いもともみのりのわさび酢和え

材料 （2人分）

長いも… 150g
焼きのり…⅙枚
- A
  - 酢…小さじ2
  - 砂糖…小さじ⅓
  - わさび…小さじ⅛
  - 塩…少々
  - しょうゆ… 2〜3滴

作り方

1. 長いもは4等分に切り、ポリ袋に入れて麺棒などでたたいて割る。

2. **A**を混ぜ合わせ、**1**と和える。器に盛り、もんだ焼きのりをのせる。

3 少しかたまりが残るくらいに割る

箸休めや
おつまみに

おいしいPOINT

定番の焼きのりとわさびに、酢を加えることでさっぱりとした仕上がりに。たたくとき、大きすぎると食べにくく、たたきすぎるととろろになるが、好みのたたき具合で。

たけのこ

おいしいゆで方をマスターして。ゆでたけのこを焼くのも香りが出ておいしい。

Data

旬	3〜5月
特徴	サイズが大きく厚みがある
味	やわらかくてえぐみが少なく、上品な甘み

主な栄養成分

食物繊維、カリウム

不溶性食物繊維のセルロースが豊富で整腸作用によって便秘を予防・改善。ゆでても減りにくいカリウムが多いので高血圧予防にも。

断面

保存方法

ゆでて水につけて保存

ゆでたら保存容器などに入れて完全に水につかるようにし、冷蔵庫で保存。水は毎日取り替え、3日を目安に使いきる。

Good!
皮が薄茶色でしっとりしている

Good!
ずんぐりとした形でずっしりと重い

Good!
根元のブツブツが小さく、えんじ色のもの

トリビア
水煮についている白いものの正体は？
たんぱく質に含まれるアミノ酸の一種がかたまったもの。気になる場合は、洗い流すか、さっとゆでる。

おいしいゆで方

たわしで水洗いして泥を落とす

根元の方についた泥もしっかり洗い流す。

先を落として切り込みを入れる

皮つきのまま先端を斜めに切り落とし、中身を切らないように皮に縦に切り込みを入れる。

落とし蓋をしてゆでて！

半月切り（根元）

煮物は厚めに切る。小さいたけのこの場合は、輪切りでも。

いちょう切り（根元）

炒め物などに。

乱切り

煮物などに。

糠と赤唐辛子を入れてゆでる

たけのことかぶるくらいの水、ぬか、赤唐辛子を入れて1時間ほどゆで、そのまま冷ます。

短冊切り（真ん中）

サラダや炒め物などに。

縦薄切り（穂先）

切り込みから皮をむく

ゆで汁が冷めたら取り出し、皮の切り込みに指を入れて皮をむく。

くし形切り（穂先）

焼き物、サラダ、和え物などに。

サラダや炒め物などに。

水につけて保存容器に入れる

完全に水につかるようにして保存容器に入れ、冷蔵庫で保存する。毎日水を取り替える。

おいしさを生かす**調理法**

加熱の目安時間

ゆでたけのこをゆでるなら**2分**
焼くなら**4〜5分**
炒めるなら**2〜3分**　煮るなら**10分**

ゆでたけのこは使う前にゆでて水を抜く

沸騰した湯に入れて2分ほどゆでる。調理する前に一度ゆでて水を抜くとおいしくなる。

Memo

ゆでたけのこは3日くらいで食べきる

たけのこを保存している水を毎日取り替え、早めに食べきる。

焼きたけのこのおかか和え

おいしい
食べ方

材料 （2人分）

ゆでたけのこ … 150g
Ⓐ ┌ しょうゆ・みりん
　　 …各小さじ1と½
サラダ油…小さじ½
かつお節…少々

作り方

1 たけのこは根元を半月切り、穂先をくし形切りにする。鍋に湯を沸かし、たけのこを入れて2分ほどゆで、水けをきる。

2 フライパンにサラダ油を中火で熱し、**1**を入れて焼き色がつくまで焼き、火を止めてⒶを加え、余熱でたけのこに絡める。器に盛り、かつお節をふる。

食感を生かすように切り方を変える

たけのこと
いえばこれ

おいしいＰＯＩＮＴ

ゆでたたけのこは、焼くことで香りが立つ。やわらかい穂先は、ばらばらにならないようにくし形切りに、かたい根元は繊維を断ち切るように半月切りにし、おいしさを引き出す。

若竹サラダ

材料 （2人分）

ゆでたけのこ… 100g
わかめ（塩蔵）… 20g
レタス… 1枚

Ⓐ
- 酢…大さじ1
- オリーブオイル…小さじ2
- しょうゆ…小さじ1
- 塩…小さじ⅕
- 砂糖…ひとつまみ
- 粉山椒…少々

作り方

1 たけのこは薄切りにする。鍋に湯を沸かし、たけのこを入れて2分ほどゆで、水けをきる。わかめはさっと湯通しし、一口大に切る。レタスは食べやすい大きさにちぎる。

2 Ⓐを混ぜ合わせ、たけのこ、わかめと和え、レタスを加えてさっと混ぜる。

和風
サラダに

おいしいPOINT

たけのこは薄切りにしてゆで、食感を残す。しっかり水けをきって。山椒をきかせたドレッシングでさわやかに。それぞれの食感の違いを楽しむサラダ。

木の芽を
あしらって

たけのこの
木の芽みそ和え

材料 （2人分）

ゆでたけのこ… 150g

Ⓐ
- みりん…小さじ1
- しょうゆ…小さじ½

木の芽… 10～15枚
西京みそ…大さじ2

作り方

1 たけのこは食べやすい大きさに切る。鍋に湯を沸かし、たけのこを入れて2分ほどゆでる。水けをきってⒶと混ぜ合わせ、冷ます。

2 木の芽は細かくたたいて西京みそと混ぜ合わせ、1と和える。器に盛り、飾り用の木の芽（分量外）をのせる。

おいしいPOINT

穂先は薄切りや短冊切り、真ん中は乱切り、根元はいちょう切りなどにして一口大に。たけのことみりん、しょうゆを先になじませておく。西京みそは甘めの白みそで代用可。

ふき

Data

旬	3〜5月
特徴	葉柄があり、長さは1m前後
味	アクや苦みは少なく、香りがいい

保存方法

買ったらすぐにゆでて調理

買ったらすぐに茎（葉柄）と葉（ついてないことが多い）を切り分けてゆで、なるべくすぐに調理する。

ふき・うど

春の香りを存分に味わえる山菜は適した下ごしらえが大切。

Good! 葉がみずみずしい

Good! 穂先がピンとしている

Good! 茎が親指くらいの太さでまっすぐ

Good! 茎が白くて太くまっすぐ

うど

Data

旬	3〜5月
特徴	芽も含めて全体に光沢がある
味	シャキシャキの食感で独特の香りとさわやかな苦み

保存方法

生のままラップをして冷蔵保存

ラップで包んで冷蔵室で保存できるが、アクが強くなるので、買ったらなるべくすぐに調理する。

Good! うぶ毛が密集している

主な栄養成分

（ふき）食物繊維　（うど）カリウム

ふきは90％以上が水分で食物繊維やカリウムを含む。うども同様に水分が多く、カリウムが豊富なので塩分の排出に効果的。

おいしさを生かす下ごしらえ&調理法

うど

皮はしっかりと
厚めにむく

根元の茶色くなって
いる部分を取り除き、
皮は厚めにむいて、
皮の近くの筋っぽい
ところを完全に取り
除く。

短冊切り

サラダなど生で
食べるときに。

せん切り

きんぴらなどに。

皮つきのまま細切り

きんぴらなどには皮つきの
ままでも。

Memo

アクがあるので
水にさらしてから使う

アクが強く、すぐに色が変わ
ってしまうので、切ったらす
ぐに水にさらす。皮も同じ。

加熱の目安時間

歯ざわりを残してゆでるなら **30秒~1分**
炒めるなら **5~6分**

皮つきで炒めるのもおいしい

炒め物にするのなら、皮つきのまま使って
栄養も香りも逃さず使う。

ふき

茎の部分を塩でする

鍋に入る長さに切り、塩をふっ
て板ずりする。

下ゆでをする

洗い流さずそのまま、熱湯
で3~5分ゆでる。

**しなるくらいに
なるまでが目安**

途中で取り出し、しなるくらい
になっていたら OK。ゆですぎ
ると色が抜けてしまう。

流水にさらす

筋を切り口からむく

切り口から筋を少し、ぐるっと
1周むいておく。

**全ての筋をつかんで
一気に引っ張る**

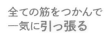

全ての筋をまとめて引っ張ると、
一気に全部むくことができる。

加熱の目安時間

ゆでるなら
細いもの
3~5分

粗熱をとったらすぐに調理する

粗熱がとれたらそのままにしないで、す
ぐに調理する。

おいしい
食べ方

1

さっぱりうどにスモークの香りをまとわせる

うどとスモークサーモンのサラダ

材料 （2人分）

うど…⅔本（150g）
スモークサーモン…50g

A
┌ オリーブオイル…小さじ2
│ レモン汁…小さじ1
│ 塩…小さじ⅕
└ こしょう…少々

粗びき黒こしょう…少々

作り方

1 うどは短冊切りにし、水にさっとさらして水けをきる。スモークサーモンは食べやすい大きさに切る。

2 Ⓐを混ぜ合わせてうどと和え、スモークサーモンを加えてさっと混ぜる。器に盛り、粗びき黒こしょうをふる。

おいしいPOINT

うどは切ったらすぐに水にさらして、真っ白に仕上げる。うどと調味料を先に和えることで味がよくなじむ。淡白なうどにスモークサーモンの風味を合わせておいしく。

生の食感を
楽しんで

材料　（3〜4人分）

春らしい
色合い

2

ふきの青煮

ふき…200g
- だし汁…¾カップ
- 砂糖・酒…各小さじ2
- Ⓐ しょうゆ…小さじ½
- 塩…小さじ⅓
- 赤唐辛子…¼本

作り方

1 ふきは鍋に入る大きさに切り、塩（分量外）をふって板ずりする。鍋に湯を沸かし、ふきを塩がついたまま入れ、3〜5分ゆでて端が少ししんなりしたら流水にとり、皮をむいて斜め切りにする。

2 鍋にⒶを入れて中火にかけ、煮立ったら1を加えて混ぜる。再び煮立ったら火を止め、そのまま冷まして味を含ませる。冷蔵庫で3日間保存可。

板ずりしてゆでて
色鮮やかに仕上げる

おいしいPOINT

板ずりしてゆでることで色鮮やかに仕上がる。ゆですぎると色が抜けてしまうので、ゆで加減の目安を参考にゆでる。煮た後は煮汁につけたまま冷ますことで味が染みる。

うどのきんぴら

おいしいPOINT

皮に生えているうぶ毛が太くて気になる場合は、包丁の背で軽くしごいて取り除いてから切っても。しっかり汁けがなくなるまで炒めて味を染み込ませる。

材料　（3〜4人分）

歯ごたえを
生かして

3

うど…1本（250g）
- だし汁…⅓カップ
- Ⓐ 酒…大さじ1
- しょうゆ…小さじ2
- 砂糖…小さじ1
ごま油…小さじ2
七味唐辛子…少々

作り方

1 うどは茎を皮つきのまま細切りにし、芽の部分は食べやすい長さに切り、太ければ縦半分に切る。水にさっとさらして水けをきる。

2 フライパンを中火で熱して1を入れ、水けを飛ばすように炒り、ごま油を加えて2分ほど炒める。Ⓐを加え、汁けがなくなるまで3〜4分炒める。器に盛り、七味唐辛子をふる。冷蔵庫で3日間保存可。

皮ごと細切りに
して炒める

あとがき

この本では、49種類の野菜の特徴や栄養成分、保存方法、おいしさを生かす下ごしらえと調理法、そして、パパッと作れる野菜のレシピを惜しみなく紹介しました。今回の撮影は1月後半〜2月初旬にかけて行われたのですが、一番心配だったのが、49種類の野菜がそろうのか？ということ。昔ではありえないことでしたが、なんと、限られた時期にしか手に入らないはずの野菜も含め、全ての野菜をそろえることができ、うれしい、奇跡の撮影となりました。縦に長い日本列島の地形のおかげもありますが、現代は常に新鮮な野菜が手に入るという消費者にとってはありがたい状況だということ、そして、改めて野菜が進化していることを実感することができました。

昨今話題になっている腸活には、野菜に豊富に含まれている食物繊維がマストといわれ、そのほかにもビタミン、ミネラル、フィトケミカルが豊富であるなど、野菜は体にいいことずくめです。ごぼうやれんこんなどのかための野菜は、噛むことによって唾液を増やし、免疫力を上げる効果も期待されています。

また、野菜の緑、赤、黄、白、茶などの鮮やかな彩りで、食欲もわきます。

野菜をおいしく食べたいのに、いつもマンネリになりがち…と悩んでいるなら、いろいろな味つけや調理法にチャレンジしてみましょう。トマトは切ってそのまま食べるのもおいしいですが、さっと炒めたり、レンジで煮たりすれば、立派なおかずの一品に。ブロッコリーは、冬の寒い時期はちょっとやわらかめにゆでると甘みが増しますし、少し気温が上がってきたら、かためにゆでたり、焼いたりして歯ごたえを楽しむなど、気候や体調によって加熱時間を変えてみるのもおすすめです。寒いときにサラダは食べたくないけれど、ちょっと気温が上がってきたときに食べるサラダのみずみずしさ、シャキシャキの食感で暑さを忘れるなど、同じ野菜でも、気候に合わせて調理法を変えることも、飽きずに食べられる工夫なのかと思います。

現代の生活ニーズに合わせて進化している野菜を使わない手はありません。いろいろな食べ方や味つけを覚えて、簡単に、おいしく野菜をたくさん食べて健康になりましょう。

岩﨑啓子

著者 岩﨑 啓子 (いわさき・けいこ)

管理栄養士・料理研究家。栄養バランスを考え、塩分やエネルギーが控えめでもおいしく、ヘルシーで、実践的なレシピに定評がある。『おいしい かんたん 作りおき 糖尿病レシピ12週間』『低栄養を防いで健康寿命をのばす！[最新] 70歳からの栄養の基本と食べ方のコツ』『ほったらかしでもごちそうが完成！糖質オフの電気圧力鍋レシピ』(以上ナツメ社)、『食べたい分だけしっかりと 簡単に作る シニア暮らしにちょうどいい2人分献立』(ワン・パブリッシング)『夫婦ふたりにぴったりの 60歳からのたんぱく質しっかりごはん』(宝島社)、『せいろ蒸し大全』(河出書房新社) など著書多数。

本書に関するお問い合わせは、書名・発行日・該当ページを明記の上、下記のいずれかの方法にてお送りください。電話でのお問い合わせはお受けしておりません。
● ナツメ社webサイトの問い合わせフォーム
　https://www.natsume.co.jp/contact
● FAX (03-3291-1305)
● 郵送 (右記、ナツメ出版企画株式会社宛て)
なお、回答までに日にちをいただく場合があります。正誤のお問い合わせ以外の書籍内容に関する解説・個別の相談は行っておりません。あらかじめご了承ください。

ナツメ社Webサイト
https://www.natsume.co.jp
書籍の最新情報(正誤情報を含む)はナツメ社Webサイトをご覧ください。

Staff

撮影 ● 千葉 充
スタイリング ● 宮沢ゆか
デザイン ● 蓮尾真沙子、狩野聡子 (tri)
イラスト ● オフィスシバチャン
　　　　　　 ふじわらともこ
調理アシスタント ● 上田浩子
編集・構成 ● 丸山みき (SORA企画)
編集アシスタント ● 大西綾子、秋武絵美子、
　　　　　　　　　 永野廣美 (SORA企画)
編集担当 ● 齋藤友里 (ナツメ出版企画)

てっていかいぼう
徹底解剖！
やさい
野菜の
た　かたたいぜん
おいしい食べ方大全

2024年7月4日　初版発行

著　者　岩﨑啓子
　　　　いわさきけいこ
　　　　©Iwasaki Keiko, 2024
発行者　田村正隆
発行所　株式会社ナツメ社
　　　　東京都千代田区神田神保町1-52
　　　　ナツメ社ビル1F (〒101-0051)
　　　　電話　03-3291-1257 (代表)
　　　　FAX　03-3291-5761
　　　　振替　00130-1-58661
制　作　ナツメ出版企画株式会社
　　　　東京都千代田区神田神保町1-52
　　　　ナツメ社ビル3F (〒101-0051)
　　　　電話　03-3295-3921 (代表)
印刷所　図書印刷株式会社

ISBN978-4-8163-7572-9
Printed in Japan
〈定価はカバーに表示してあります〉
〈乱丁・落丁本はお取り替えします〉